Hans-Georg Lettau

Ganzheitliches Marketing

Hans-Georg Lettau

Ganzheitliches Marketing

Entwicklung · Bedeutung · Umsetzung

verlag
moderne industrie

CIP-Titelaufnahme der Deutschen Bibliothek

Lettau, Hans-Georg
Ganzheitliches Marketing : Entwicklung, Bedeutung,
Umsetzung / Hans-Georg Lettau. - Landsberg/Lech : Verl.
Moderne Industrie, 1990
ISBN 3-478-22450-0

Umschlaggestaltung: Susanne Elten, 8000 München
Satz: Druckerei Jantsch, 8870 Günzburg
Druck und Bindearbeiten: Druckerei Schoder, 8906 Gersthofen
Printed in Germany 220 450/10901503
ISBN 3-478-22450-0

Widmung

Für meine Frau, die immer wieder das Dreiecksverhältnis mit einem neuen Buchmanuskript akzeptiert.

Inhaltsverzeichnis

Davon hängt auch der Wechsel des Glücks ab: Wenn demnach einer mit Bedacht und Geduld verfährt und seine Methode der Zeit und den Verhältnissen entspricht, so kommt er vorwärts; doch wenn sich die Zeiten und die Verhältnisse ändern, so geht er zugrunde, weil er seine Methoden nicht ändert.

Machiavelli, 1532 (!)

Teil I: Die Entwicklung des Marketing in komplexer werdenden Märkten

1. Marktführer war zunächst der Produzent

Marketing ist ein Kind des industriellen Zeitalters. Diese simple Feststellung ist aus zweierlei Gründen notwendig: Einmal zum Verständnis dieses Phänomens überhaupt, zum anderen, weil nur aus dieser Herkunft die ganze historische Entwicklung des Marketing verständlich wird und auch die ungeheure Dramatik, mit der sich ein neues Denken in Richtung des „ganzheitlichen Marketing" ankündigt. Wir werden – das zeichnet sich seit einiger Zeit mit großer Deutlichkeit ab – wieder neu lernen müssen! Und „mehr vom Gleichen" wird als Strategie für diese neuen Entwicklungen nicht mehr ausreichen.

Doch zunächst zurück zur Historie: Bis weit in das 19. Jahrhundert hinein waren Produkte ausschließlich handwerkliche Einzelanfertigungen aufgrund individueller Bestellungen. Das bedeutete: Jedes angefertigte Stück – Hose, Jacke, Schuhe, Wagen und Geschirre, Häuser, Möbel und Wäsche – hatte einen vorbestimmten Käufer! Erst als mit fortschreitender Industrialisierung Produkte sozusagen auf Vorrat angefertigt wurden und keine *vorbestimmten* Käufer mehr hatten, sondern eine anonyme Masse *möglicher* Käufer – da wurde die Frage akut: Wo, wie und an wen verkaufen wir eigentlich unsere Produkte?

Eine einzige Institution gab es, bei der das schon immer so war: den Marktplatz. Auch hier traten Anbieter mit einem noch nicht auf den einzelnen Abnehmer abgestimmten Angebot auf. Dieses Angebot war breit gefächert, bunt zusammengesetzt, die „Marktschreier" warben kräftig für ihre Ware – kurz und gut: Man mußte sein Überangebot (zudem noch in direkter Vergleichbarkeit mit anderen Konkurrenten) mit viel Aufwand „vermarkten". [1)]

Mit dieser eingängigen Definition des eigentlich unübersetzbaren Begriffs „Marketing" war aber auch gleichzeitig die Falle aufgestellt, in die alle Anbieter hineingestiegen sind:

- Wir sind Produzenten und stellen Produkte her.
- Wir versuchen, diese Produkte bestmöglich zu vermarkten.

Produktpolitik, Sortimentspolitik, Lieferfähigkeit, Werbung, Preispolitik – alle Begriffe aus der absatzorientierten Phase des Marketing lassen sich an diesem Beispiel des Marktplatzes aufhängen.

Typische *Marketing-Definitionen* aus der damaligen Zeit waren zum Beispiel:

- Marketing ist die Summe aller Maßnahmen und Methoden eines Unternehmens, sein Marktkapital zu halten und zu vermehren.
- Marketing – das sind die modernen Methoden der Anbieter, mit planmäßiger Marktbearbeitung Gewinne zu erzielen.

Kein Wunder, wenn man nachträglich feststellt: Marktführer war der Produzent! Zum einen sicherlich aus der ungewöhnlichen Situation der Nachkriegswirtschaft heraus, in der es galt, einen ungeheuren Nachholbedarf möglichst schnell zu decken, zum anderen aber auch durch diese – fast zwangsläufige – Auffassung von Marketing.

Natürlich war das alles „marktorientiert" – aber doch unter einem ganz besonderen Blickwinkel: Die Marktforschung erschöpfte sich im „Nasen zählen“ und bewegte sich im eher quantitativen Bereich. Man wollte eigentlich nur wissen: Wie viele Abnehmer gibt es überhaupt? Die Konkurrenzbeobachtung erlebte eine hohe Blüte, denn man mußte sich ja – bei zunehmendem Wettbewerb – von anderen Anbietern differenzieren. Die Werbung demonstrierte immer wieder und auf einfache Weise: Wie gut sind doch unsere Produkte! Verkäufer trainierten Argumente für Produktvorteile und Preise und allenfalls die Widerlegung von möglichen Einwänden der Käufer. Denen mußte man mit neuen und noch besseren Argumenten begegnen.

Aber war das alles nicht eher „Produkting“ als „Marketing“? Ein typisches Relikt dieser absatzorientierten Phase ist auch die Geburt des Produktmanagers. Das hätte doch die damaligen Marketer stutzig machen müssen: daß alle von „*Markt*orientierung“ sprachen und einen „*Produkt*manager“ ins Leben riefen – der auch noch gemessen wurde am Erfolg seines Produktes! Das „Marketing-Journal“ schrieb schon 1975: Schaffen Sie Ihren Produktmanager wieder ab! Prophetie, die damals nur Unverständnis auslöste. Kurz und gut – von Marktorientierung oder gar von Kundenorientierung war zwar viel die Rede, sie wurden aber selten praktiziert.

Zwei Gründe gibt es, diese absatzorientierte Phase des Marketing als Historie nachzuzeichnen:

1. Alle Entwicklungsstufen des Marketing brauchen wir als Funktionen auch heute noch. Sie sind ja nicht etwa einfach unter den Tisch gefallen – wir müssen sie nur in einen anderen Zusammenhang stellen. Zudem wird die Entwicklung bis zum „ganzheitlichen Marketing“ nur verständlich, wenn man sich auch mit den Vorstufen auseinandersetzt.
2. Die Schilderung der Entwicklungsstufen gibt den Firmen Ge-

legenheit, festzustellen, auf welcher dieser Stufen ihr Marketing heute angesiedelt ist und wie viele Stationen noch zu durchlaufen sind, um den heute bekannten letzten Stand zu erreichen.

Vielleicht können Sie die Checklisten erst nach der Lektüre dieses Buches ausfüllen? Auf jeden Fall aber sollten Sie den Maßnahmenkatalog (S. 16) bei der Lektüre parat haben und sofort eintragen, was Ihnen an notwendigen und sinnvollen Schritten zur weiteren Optimierung einfällt. Bei dieser Schilderung folge ich einer Systematik, die von *W.K.A.Disch,* dem Chefredakteur des „Marketing-Journal", in den sechziger Jahren in Deutschland erstmalig vorgestellt wurde, und ich verlängere sie über den damaligen letzten Stand hinaus bis in die heute erkennbare Zukunft.

Zusammenfassung:
Marketing ist ein Kind des industriellen Zeitalters. Daraus folgte: Marktführer war in der absatzorientierten Phase des Marketing der Produzent. Mit zunehmender Komplexität der Märkte verstärkte sich sein Einsatz zur „Vermarktung" der Produkte: Produkting statt Marketing.

Unser Unternehmen befindet sich in der Entwicklung des Marketing: Ist-Analyse	
… in der produktorientierten Phase	☐
… in der distributionsorientierten Phase	☐
… in der funktionsorientierten Phase	☐
… in der instrumentenorientierten Phase	☐
… in der marktsegmentorientierten Phase	☐
… beim ersten konzeptionellen Ansatz	☐
… beim humanorientierten Ansatz	☐
… beim ganzheitlichen Ansatz	☐

Maßnahmenkatalog zur Weiterentwicklung unseres Marketing bis zum heutigen Stand:				
Lfd. Nr.	was	wer	mit wem	bis wann

2. Der produktorientierte Ansatz

Das Produkt ist der eigentliche Kern der Marktleistung eines Produzenten. Über das Produkt werden schließlich auch die Erlöse vom Markt erzielt, die zur Kostendeckung und zur Gewinnerzielung dienen. In einem heftiger werdenden Wettbewerb mußte also in erster Linie das Produkt stimmen, damit man als Anbieter überhaupt vom Käufer in Betracht gezogen wurde. Das gilt aller-

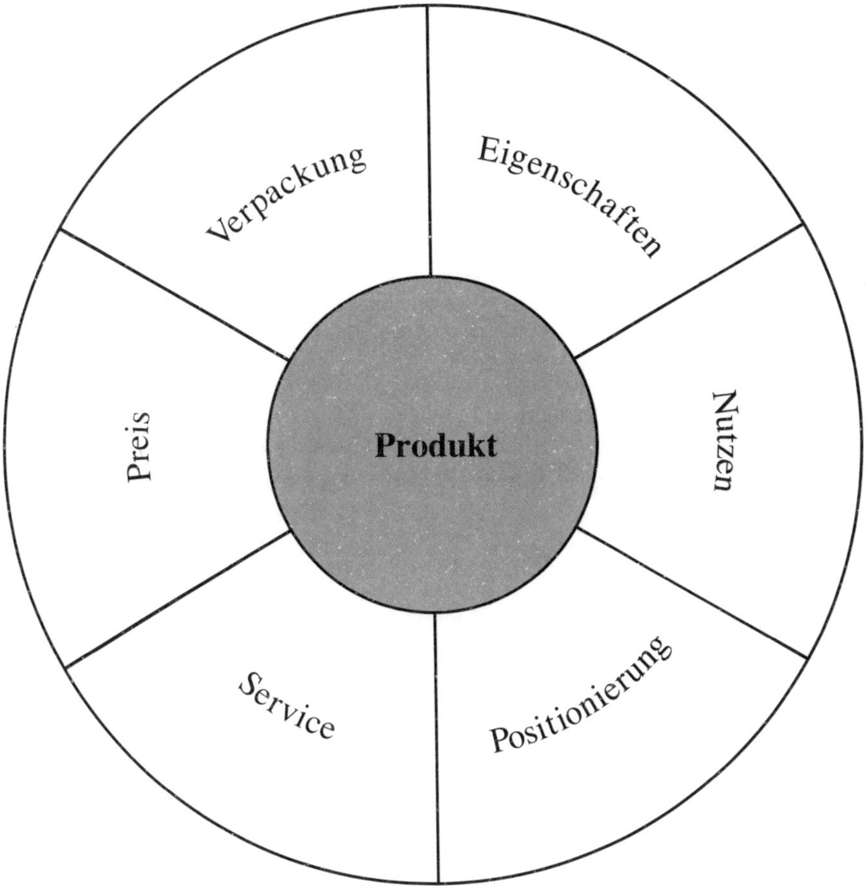

Abb. 1: Produktorientierter Ansatz

dings auch heute noch – und in unserer Überflußgesellschaft sicher in verstärktem Maße. Kein Wunder, daß in der Frühzeit des Marketing die Bemühungen der Firmen zunächst dem Produkt galten, wobei man sehr schnell auch die Gesamtheit der Produkte = das Sortiment und – neben dem Grundnutzen des Produktes – auch den Zusatznutzen = den Service in das Denken mit einbezog. [1)]

Schon hier gibt es eine Entwicklung und – wenn man so will – als Endergebnis längeren Lernens ein ganzheitliches Denken um das Produkt herum.

1. Das betrifft zunächst die *Eigenschaften eines Produktes:* Das sind einmal die funktionalen, technischen und physikalischen Eigenschaften, wie z. B. Struktur, Konsistenz, Bestandteile, Konstruktion, Material und Gebrauchswert; aber auch die ästhetischen, symbolischen und emotionalen Eigenschaften wie z. B. Geruch, Geschmack, Gefühl, Form, Farbe und Design.
2. Welchen *Nutzen* stiftet das Produkt dem Verwender? Ist dieser Nutzen für ihn wertvoller als das Geld, das er in Form des Preises dafür hergeben muß? Ist der Nutzen klar erkennbar und grösser als der eines Konkurrenzproduktes? Das betrifft natürlich den Absatzmittler genauso. Und beide fragen nach dem technischen Nutzen eines Produktes, nach dem wirtschaftlichen Nutzen, nach einem vertrieblichen Nutzen und – last, not least – nach einem Image- oder Geltungsnutzen, mit dessen Hilfe man sich von anderen Verwendern oder anderen Absatzmittlern differenzieren kann.
3. In welchem *Konkurrenzumfeld* muß sich das Produkt behaupten? Wo ist es positioniert in bezug auf Qualität oder Ausstattung einerseits und in bezug auf den Preis andererseits? Wo steht es zwischen anderen Wertmaßstäben wie z. B. konserva-

tiv und modern, oder lässig/locker/bunt einerseits und korrekt/sachlich/zurückhaltend andererseits?

4. Welche *Art von Service* wird mit dem Produkt verbunden? Ist es ein Service vor dem Kauf wie z. B. Beratung, Berechnung, Information, oder ist es ein Service nach dem Kauf wie z. B. Montage, Einschulung, Garantie, Eillieferung, Verkaufshilfen? Ist es ein kaufmännischer Service wie z. B. Vorführungen, Probelieferungen, Zustellungen, Umtauschrecht und Werbehilfen, oder ist es ein technischer Service mit Montage, techn. Notdienst, Inspektionen, Inbetriebnahmen oder Reparatur-Service? Ist der Service mit dem Produkt verbunden wie z. B. Schulung, Einweisung, gemeinsames Marketing oder Merchandising, oder ist es ein nicht mit dem Produkt verbundener Service wie z. B. Beratungsdienste, Marktinformationen, EDV-Programme? Zum Schluß darf man fragen: Wird ein kostenloser Service geboten in Form von Gebrauchsanweisungen, Rezepten oder wird ein kostenpflichtiger Service geboten mit Wartungsdiensten, Ersatzteilservice oder gar Leihgeräten?
5. Besonders wichtig: der *Preis des Produktes*. Das „Marketing-Wörterbuch“ [2)] bietet 91 Definitionen des Begriffs „Preis“ an! Verfolgt das Unternehmen eine Hochpreis-, eine Niedrigpreis- oder eine Abschöpfungspolitik? Werden diese grundsätzlichen Preislinien kontinuierlich oder nur temporär eingehalten? Betrifft – als Beispiel – eine Niedrigpreispolitik das ganze Sortiment oder nur Teile davon? Rechnet man mit Kostenpreisen zur Deckung von Kosten und Gewinn oder mit Marktpreisen, die von außen diktiert werden und bei denen nach Abzug von proportionalen und zurechenbaren Kosten ein mehr oder minder hoher Deckungsbeitrag zur Deckung von Fixkosten und Gewinn verbleibt? Oder ist ein Nutzenpreis möglich, bei dem man sich mit dem Kunden einen entstandenen Nutzen im Vergleich zu der Konkurrenzlösung „teilt“?

6. Die letzte Überlegung dieser produktorientierten Phase gilt der *Verpackung des Produktes* – vor allem dann, wenn diese z. B. in einem Supermarkt mit dem Käufer alleine ist und das eigentliche Verkaufsgespräch führen muß. Natürlich muß sie eine Reihe von Funktionen erfüllen wie z. B. Schutz, Information, leichte Handhabung, Transport; aber sie braucht darüber hinaus auch bestimmte Eigenschaften wie z. B. sicher, stapelfähig, trocken, wiederverwendbar, unterscheidbar, werbewirksam, repräsentativ u.v.a.m.

Man muß zugeben: Schon das ist eine umfangreiche und anspruchsvolle Aufgabe. Ich bin sicher, daß eine große Anzahl von Firmen auf diese Fragen

a) entweder keine Antwort hat
b) oder zwar eine Antwort geben kann, aber zugeben muß, daß sie nicht bewußter Überlegung und Planung entstammt.

Insofern ist auch diese Aufzählung schon wieder als eine Checkliste anzusehen und zu benutzen. Stellen Sie sich diesen produktorientierten Ansatz als erste Stufe einer Treppe vor, an deren oberem Ende die Terrasse des „Ganzheitlichen Marketing" zu sehen ist: Dann fällt es Ihnen vielleicht leichter, diesen gründlichen Einstieg nachzuvollziehen.

> Zusammenfassung:
> In der produktorientierten Phase des Marketing kreisten alle Gedanken und Bemühungen um das Produkt und seine Kriterien: Eigenschaften, Nutzen, Positionierung, Service, Preis und Verpackung. Erst wenn alle auf einem optimalen Stand sind, hat das Produkt überhaupt eine Chance im Markt.

Arbeitsbogen Nr. 1:

1. Beantworten Sie zunächst – in Stichworten – diese zwei Fragen:
   - Welche Anforderungen ergeben sich für unser Unternehmen aus dem produktorientierten Ansatz des Marketing?
   - Welche dieser Anforderungen sind erfüllt – welche nicht?
2. Skizzieren Sie dann – in Stichworten –, welche Einzelaufgaben angegriffen und/oder erfüllt werden müssen, um die noch offenen Anforderungen zu erfüllen.

Anforderungen / Aufgaben / Bereiche	Anforderungen		Aufgaben
	erfüllt	nicht erfüllt	
1. Eigenschaften			
2. Nutzen			
3. Konkurrenzumfeld			
4. Service			
5. Preis			
6. Verpackung			

3. Der distributionsorientierte Ansatz

Besser sein – oder billiger sein: Diese einfache Faustformel für den Erfolg eines Produktes im Markt wurde in der produktorientierten Phase des Marketing sehr schnell gelernt! Und was liegt näher, als bei weiterhin schwieriger werdenden Märkten nun auch bei anderen Elementen der Marktleistung und Marktbearbeitung zu fragen: Sind wir da auch gut? Können wir nicht noch bes-

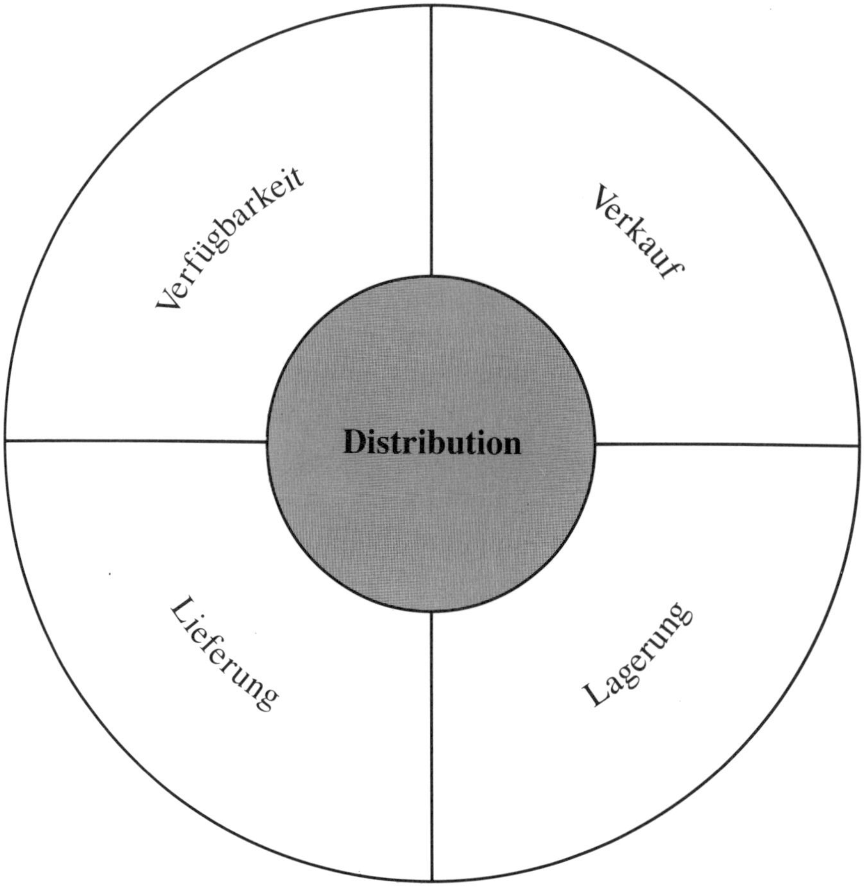

Abb. 2: Distributionsorientierter Ansatz

ser werden als die Konkurrenz? Das bot sich in erster Linie an bei der Überlegung: Wie geht es eigentlich unserem Produkt auf dem Weg vom Hersteller zum Verbraucher? Wer ist da alles eingeschaltet? An welche Institutionen müssen wir denken? Wie können wir diesen Weg in seinen einzelnen Stationen so optimieren, daß wir besser sind als alle anderen?

1. In dieser Phase des absatzorientierten Marketing suchte man schnell die Lösung aller Probleme beim Verkaufsaußendienst. Es wurden die Fragen nach der richtigen Anzahl und den richtigen Standorten gestellt und beantwortet. Dazu kamen sehr eingehende Überlegungen über die richtige Ausbildung, Ausrüstung und Motivation der Mitarbeiter. Vor allem erlebte das Verkaufstraining eine hohe Blüte. Wir trainierten Argumentation und Einwandwiderlegung und übten das Abschlußgespräch. Die *Verkäufer* sollten ihr Metier beherrschen und professionell auftreten. In Seminaren und Lehrbüchern lernten die Verkaufsleiter den Aufbau von Informations- und Steuerungssystemen.
2. Die Aufgabe der prompten Belieferung beginnt mit einem ausreichenden *Lager* der gewünschten Produkte: Brauchen wir überhaupt ein Lager – ein Zentrallager oder mehrere Außenläger? Welche Produkte in welcher Menge sollen dort gelagert werden – das ganze Sortiment oder nur Teile davon? Betreiben wir dieses Lager selber oder übertragen wir diese Aufgabe Dritten? Anhand solcher Fragen wurde auch die Lagerpolitik zu einem Instrument des Marketing und herausgelöst aus der einseitigen betriebswirtschaftlichen Betrachtung der vergangenen Jahre.
3. Auch bei der *Lieferung* gibt es Chancen zur Optimierung: Ist unsere Lieferorganisation pünktlich – zuverlässig – kostengünstig? Kann sie die Produkte ihrem Charakter entsprechend han-

deln? Hier hinein gehören die Überlegungen über die optimale Lieferbereitschaft, die optimalen Lieferzeiten, aber auch über die – im Vergleich zur Konkurrenz – möglichst hohe Lieferzuverlässigkeit. Auch hier also: das Primat des Marketing gegenüber der Betriebswirtschaft.

4. Last but not least: Ist unsere Ware *verfügbar* zur selben Zeit und am selben Ort, an dem der mögliche Käufer zu einem Kaufentscheid kommt? Wie hoch ist unsere numerische Distribution – oder wie hoch sollte sie sein? Wie hoch ist unsere gewichtete Distribution – oder wie hoch sollte sie sein? Wie schnell entscheidet sich ein Käufer für ein anderes Produkt, wenn wir „out of stock" sind? Bei hochwertigen Automobilen ist diese Frage vielleicht nicht so wichtig. Da kennt man Lieferzeiten und nimmt sie in Kauf. Für einen Hersteller von einfachen Molkereiprodukten oder einfachen Konserven ist das vielleicht überlebenswichtig.

Hier zeigt sich zum ersten Male mit großer Deutlichkeit: Marketing – das sind nicht nur die großen und publikumswirksamen Aktionen der Markenartikler. Marketing ist – und mindestens mit der gleichen Intensität – auch die oft mühsame Bearbeitung des uns zur Verfügung stehenden Feldes, konsequentes und nicht nachlassendes Bemühen um die Optimierung von Leistungen, die nicht im Markt, sondern in unserem eigenen Einflußbereich liegen. Wir werden dieser Einstellung im nächsten Abschnitt noch deutlicher begegnen.

Damals wurde zum ersten Mal und mit großer Intensität propagiert: *Marketing geht das ganze Unternehmen an!* Das war für manche marktfernen Abteilungen nur mühsam zu begreifen. Vor allem, daß nun – nach den Jahren des Wiederaufbaus – die Technik ihre führende Rolle in den Unternehmen abgeben sollte an die Marketer, weil das Verkaufen und Liefern nun auf einmal wichtiger sein sollte als alles andere.

Zusammenfassung:
Wenn das Produkt einen hohen Stand erreicht hat, taucht die Frage auf: Wie kommt es zum vorgesehenen Käufer? Das beginnt bei der Verkaufsorganisation und geht über die nötige Regelung der physischen Distribution bis zur Sicherstellung der Verfügbarkeit am POS (Point of Sale).

Arbeitsbogen Nr. 2:

1. Beantworten Sie zunächst – in Stichworten – diese zwei Fragen:
   - Welche Anforderungen ergeben sich für unser Unternehmen aus dem distributionsorientierten Ansatz des Marketing?
   - Welche dieser Anforderungen sind erfüllt – welche nicht?
2. Skizzieren Sie dann – in Stichworten –, welche Einzelaufgaben angegriffen und/oder erfüllt werden müssen, um die noch offenen Anforderungen zu erfüllen.

Anforderungen / Aufgaben / Bereiche	Anforderungen		Aufgaben
	erfüllt	nicht erfüllt	
1. Verkauf			
2. Lagerung			
3. Lieferung			
4. Verfügbarkeit			

4. Der funktionsorientierte Ansatz

Marketing steht auf zwei Säulen:

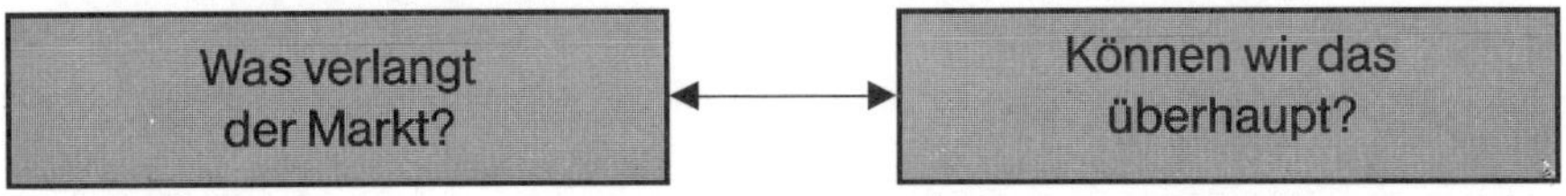

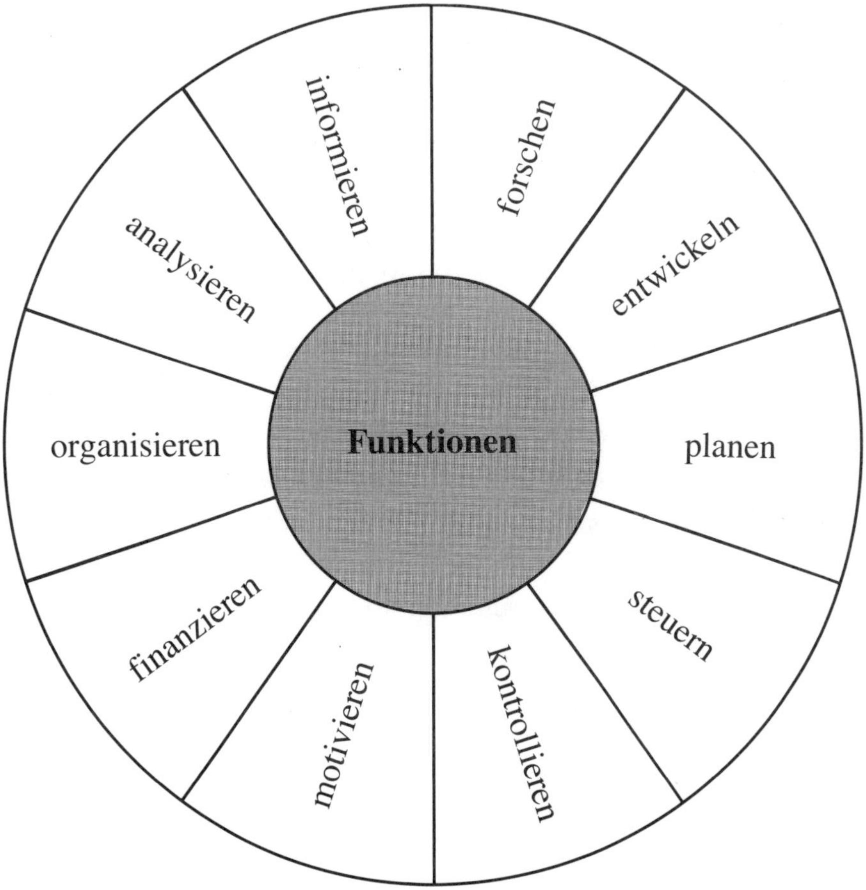

Abb. 3: Funktionsorientierter Ansatz

Man könnte das auch so ausdrücken: „Planung ist eine Harmonisierung von Wünschen und Möglichkeiten“. Die Überlegungen zur gekonnten Vermarktung von Produkten sind ja nichts anderes als eine Sonderform der Planung.

Können wir das überhaupt? – Das provoziert den Blick nach innen, das verlangt Antworten auf viele selbstkritische Fragen. Sie wurden in den frühen Jahren des Marketing mit großer Eindringlichkeit gestellt. Ging es doch – in weiterhin schwieriger werdenden Märkten – immer wieder darum, besser zu sein als die Konkurrenz und dadurch dem eigenen Angebot mehr Durchschlagskraft zu verleihen.

Im Schaubild finden Sie keine „normalen“ Funktionen eines Unternehmens wie z. B. „produzieren“. Die Marketingleute setzen einfach voraus, daß Fachleute auf diesem Gebiet die rationellsten und modernsten Methoden einsetzen, um Produkte in marktgerechter Ausstattung und Qualität zu liefern. Man hat sie ja vorher gemeinsam definiert. Oder „Buch-halten“: Die Marketingleute setzen einfach voraus, daß ein zeitgemäßes, informatorisches Rechnungswesen (im Gegensatz zu einem rein dokumentarischen Rechnungswesen) nicht nur tagfrische Buchhaltungszahlen liefert, sondern auch Budgets, Soll-Ist-Vergleiche, Zahlen zur Kurskorrektur – und so mit allen anderen „normalen“ Funktionen im Unternehmen.

Aber andere, mehr qualitative und zur Marktorientierung eines Unternehmens notwendige Funktionen sind gefragt, wovon ich zehn als Beispiele herausgesucht habe:

Funktionen	Beispiele für Qualitätsmerkmale
1. Informieren	• Haben wir genügend Marktinformationen, vor allem die richtigen? • Erhalten wir regelmäßig aussagefähige Unternehmensinformationen? • Werden die zukunftsorientierten Umfeldinformationen erfaßt und ausgewertet?
2. Analysieren	• Werden regelmäßige und aussagefähige Analysen erstellt, z. B. Marktanalysen, Konkurrenzanalysen, Sortimentsanalysen u. a. m.?
3. Organisieren	• Haben wir eine eindeutige undd funktionsfähige Organisationsstruktur? Ist sie durchgängig ausgerichtet nach Produkten oder Kunden? • Sind alle Abläufe (Anfragen/Aufträge/Lieferungen etc.) kundenfreundlich geregelt?
4. Finanzieren	• Ist die Kapitalausstattung des Unternehmens ausreichend für Innovationen und Expansionen? • Ist die Finanzierung von neuen Projekten möglich und gesichert? • Ist die Ertragslage ausreichend, um mit neuen Methoden (innerbetrieblich und vor allem am Markt) mithalten zu können?
5. Motivieren	• Ist die innere Einstellung unserer Mitarbeiter zum Unternehmen in Ordnung? • Gibt es eine Corporate Identity, nach der man sich richten kann und auf die man stolz ist? • Greifen unsere Mitarbeiter neue Herausforderungen begeistert auf?

Funktionen	Beispiele für Qualitätsmerkmale
6. Forschen	• Ist unsere Forschungsabteilung in der Lage, neuen Produkt- und Produktionstechnologien auf der Spur zu bleiben oder sie sogar zu initiieren? • Ist analog – in Handelsbetrieben – der Einkauf nicht nur Rabattjäger, sondern eine gesuchte Anlaufstelle für Neuheiten?
7. Entwickeln	• Wieviel und welche Projekte sind in den letzten zwölf Monaten realisiert worden? • Sind wir innovativ genug für die sich rasant verändernden Märkte, nicht nur mit neuen Produkten, sondern auch bei Vertriebssystemen, in der Organisation und in der Personalentwicklung?
8. Planen	• Haben wir ein durchgängiges Planungs- oder Budgetsystem für alle Bereiche und alle Ebenen des Unternehmens? • Sind alle Planhorizonte (kurz-, mittel- und langfristig) abgedeckt? • Haben wir einen optimalen Detaillierungsgrad? • Gibt es eindeutige Verantwortungen bei der Planung (Bottom up/Top down)? • Ist die Planung nicht nur marktorientiert, sondern bezieht sie im Sinne einer integrierten Planung alle Unternehmensbereiche ein?
9. Steuern	• Liefert das Rechnungswesen/unsere EDV genügend Daten zur Steuerung des Unternehmens/des Verkaufs/des Außendienstes? • Ist die Steuerung nicht nur zielorientiert, sondern auch hilfreich für alle Mitarbeiter mit Durchführungsverantwortung?

Funktionen	Beispiele für Qualitätsmerkmale
10. Kontrollieren	• Gibt es aussagefähige Soll-Ist-Vergleiche für alle Ziele und Pläne im Unternehmen? • Sind die Toleranzgrenzen für individuelle Eingriffe der Verantwortlichen festgelegt? • Ist das Verfahren zur evtl. Änderung von Plänen und Zielen eindeutig definiert?

Selbst wenn man sich auf einige Beispiele beschränkt, wird die Liste der möglichen Qualitätskriterien lang. Sie kann natürlich firmenindividuell verlängert werden! Aber eines wird anhand dieser Liste überdeutlich: Bevor man anfängt, neidvoll auf einen erfolgreichen Konkurrenten zu schauen mit dem Versuch, dessen Methoden zu kopieren, ist es besser, auf sich selbst zu blicken und sich zu fragen: Wir wissen soviel über den Markt—wissen wir auch genug über uns selbst? [3)]

Zusammenfassung:
Die Frage nach dem eigenen Können provoziert den Blick nach innen auf das Unternehmen. Eine konsequente Stärken- und Schwächenanalyse fördert viele Ansatzpunkte für ein verbessertes Marketing zutage.

Arbeitsbogen Nr. 3:

1. Beantworten Sie zunächst – in Stichworten – diese zwei Fragen:
   - Welche Anforderungen ergeben sich für unser Unternehmen aus dem funktionsorientierten Ansatz des Marketing?
   - Welche dieser Anforderungen sind erfüllt – welche nicht?
2. Skizzieren Sie dann – in Stichworten –, welche Einzelaufgaben angegriffen und/oder erfüllt werden müssen, um die noch offenen Anforderungen zu erfüllen.

Anforderungen / Aufgaben / Bereiche	Anforderungen erfüllt	Anforderungen nicht erfüllt	Aufgaben
1. Information			
2. Analysieren			
3. Organisieren			
4. Finanzieren			
5. Motivieren			
6. Forschen			
7. Entwickeln			
8. Planen			
9. Steuern			
10. Kontrollieren			

5. Der instrumentenorientierte Ansatz

In der nächsten Phase wurde der Begriff „Marktstrategie“ geboren. Das ist auch sehr naheliegend: Wenn ein Militärstratege seinen Schlachtplan entwickelt, dann wird er sich

- vergewissern, welche Truppenteile = Elemente er zur Verfügung hat,

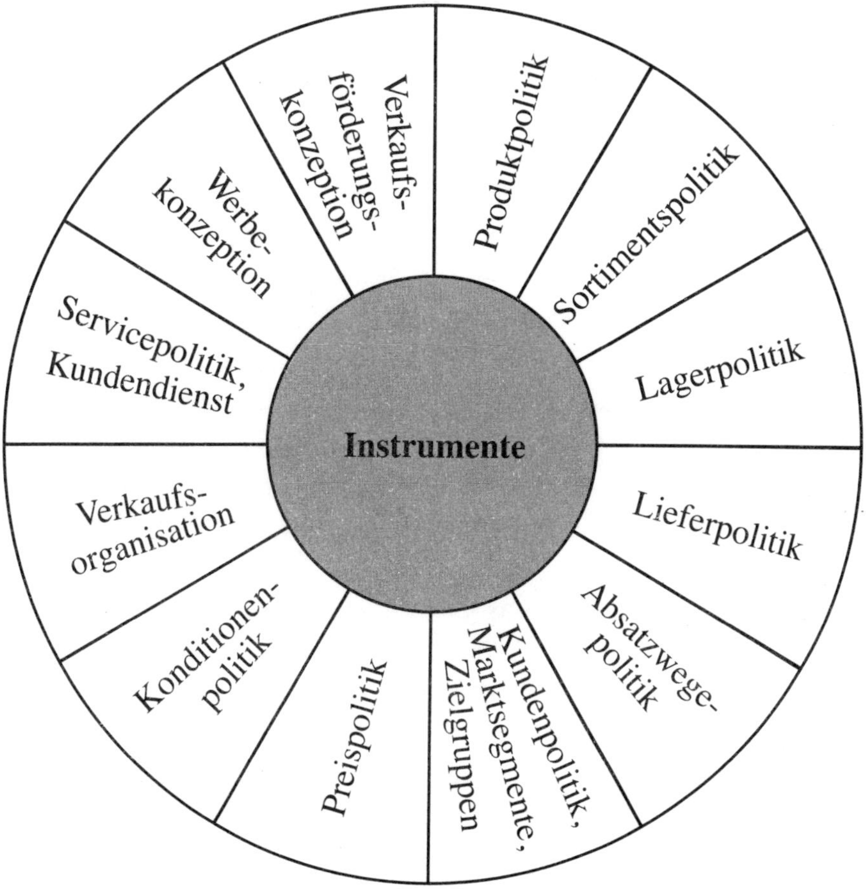

Abb. 4: Instrumentenorientierter Ansatz

- überlegen, welche Wirkungen die einzelnen Elemente erzielen können (das sind bei der Artillerie andere als bei der Reiterei),
- vorstellen, wie die einzelnen Elemente mit ihren unterschiedlichen Wirkungen zu einem optimalen Wirkbündel zusammengefügt und damit optimiert werden können. [1)]

Eine ganz ähnliche Überlegung liegt der bewußten Planung der Marktbearbeitung mit den Elementen der Marktstrategie zugrunde. Auch hier spricht man von „der Kombination und Koordination der absatzpolitischen Instrumente und von der Bestimmung der Intensität ihres Einsatzes“ – die gleiche Denkweise also.

Aber hier tritt etwas ganz Neues erstmalig auf: die Kombination und die Koordination! Das heißt: Hier fingen die Marketer zum ersten Male (noch sehr vorsichtig) an, Instrumente miteinander in Zusammenhang zu bringen und eine wirksame Mischung daraus zu machen. Das „Marketing-Mix“ war geboren! Bis dahin war es eher so, daß man sehr eindimensional Instrumente einsetzte, um begrenzte Wirkungen zu erzielen oder um bestimmten Erscheinungsformen des Marktes zu begegnen: Wir haben einen Umsatzrückgang – dann erhöhen wir den Werbeetat! Wir haben ein zu volles Lager – dann machen wir mal eine Preisaktion!

Im Marketing-Mix war das erstmals anders, und so kann man durchaus sagen, daß in dieser Phase das ganzheitliche Denken seine ersten, noch rudimentären Anfänge hatte – aber immer noch absatzorientiert, immer noch mit der erklärten Absicht, bestimmte Produkte – von einem optimierten Wirkbündel unterstützt – im Markt unterzubringen.

Welche Einzelaufgaben und Werkzeuge dabei angesprochen wurden, wollen wir uns ansehen:

Strategieelemente	Einzelaufgaben/Werkzeuge
1. Produktpolitik	• Produkteigenschaften • Produktnutzen • Produktpositionierung • Produktlebenszyklus • Produktverpackung • Produktmodifikationen • Produktvariationen • Produktmarken
2. Sortimentspolitik	• Sortimentsbreite • Sortimentstiefe • Sortimentsgestaltung • Sortimentsbereinigung
3. Lagerpolitik	• Lageranzahl • Lagerstandorte • Lagergrößen • Lagerbestückung • Lagerbewirtschaftung • Lagerorganisation
4. Lieferpolitik	• Liefersysteme • Lieferabläufe • Lieferzeiten • Lieferbereitschaft • Lieferzuverlässigkeit
5. Kundenpolitik/ Zielgruppen-politik/Markt-segmentpolitik	• intensive Kundenpolitik • selektive Kundenpolitik • exclusive Kundenpolitik • Marktsegmentdefinitionen
6. Absatzwege-politik	• Absatzwege • Absatzpartner • Absatzmittler • Absatzhelfer • Absatzziele

Strategieelemente	Einzelaufgaben/Werkzeuge
7. Preispolitik	• Hochpreispolitik • Niedrigpreispolitik • Abschöpfungspolitik • Preisdifferenzierung • Aktionspolitik
8. Konditionen-politik	• Rabatte • Liefer- und Zahlungsbedingungen • vertikale Bindungen
9. Verkaufs-organisation	• Anzahl der Verkäufer • Standorte der Verkäufer • Ausbildung der Verkäufer • Ausrüstung der Verkäufer • Steuerung der Verkäufer • Motivation der Verkäufer
10. Servicepolitik/ Kundendienst	• Service vor dem Kauf • Service nach dem Kauf • Service/kfm. • Service/techn. • Service mit dem Produkt verbunden • Service auch ohne das Produkt • Service kostenlos • Service gegen Berechnung
11. Werbekonzeption	• Werbemittel • Werbeträger • Werbeaufwendungen • Werbeerfolgskontrolle • Werbereichweiten • Werbestufen • Werbeobjekte • Werbeaussagen/informatorisch • Werbeaussagen/beeinflussend

Strategieelemente	Einzelaufgaben/Werkzeuge
12. Verkaufs-förderung	• handelsorientierte Verkaufsförd. • verbraucherorientierte Verkaufsförd. • verkäuferorientierte Verkaufsförd.

Finden Sie den Checklistencharakter wieder heraus? Angesichts dieser Fülle von Aufgaben und Werkzeugen ist es sicher nicht anzuzweifeln, daß hier eine Menge Ansatzpunkte für eine Optimierung schon im Einzelfall gegeben ist.

Erst recht dann, wenn man eine Kombination der einzelnen Instrumente versucht mit der Prämisse: Das Ganze ist mehr als die Summe der Teile! Dann wird daraus eine anspruchsvolle Aufgabe für strategisch denkende Planer.

In Marketingseminaren wird sehr häufig die Forderung gestellt, gerade diesem Teilgebiet des Marketing besondere Aufmerksamkeit zuzuwenden. Hier erwarten die Teilnehmer die besonderen Hinweise, die ungewöhnlichen Beispiele, manchmal auch die Tricks. Und sie sind dann enttäuscht, wenn der Trainer im Sinne des ganzheitlichen Denkens konzeptionell arbeitet und zum Beispiel den Marketingregelkreis (Teil II/Kap.2) vorstellt und sich daran hält. Diese Haltung stammt aus der instrumentellen Phase des Marketing. Damals hatten die „Überkreativen" Hochsaison, die mit ungewöhnlichen Ideen in der Verpackung und Werbung, vor allem aber in der Verkaufsförderung diesem Denken Vorschub leisteten.

Das ist auch die Zeit, in der Marketing angegriffen wurde, weil den Marketern von kritischen Konsumenten, besonders vom jungen, linken Spektrum der politischen Szene der Vorwurf der Manipulation gemacht wurde. Die Entwicklung zum „ganzheitlichen Marketing“ kann diesen Vorwurf wohl endgültig entkräften. Die Gefahr allerdings bleibt, daß die Erinnerung an vordergründig erfolgreiche Aktionen aus dieser Zeit die Verantwortlichen doch dazu bringt, es noch einmal mit solchen Mitteln zu versuchen.

Nichts gegen die uns zur Verfügung stehenden Instrumente und nichts gegen ihren gekonnten, abgestimmten Einsatz im Rahmen einer gut überlegten Konzeption – aber alles gegen ein mißverstandenes Marketing als bunte Show vor unzulänglichen Angeboten!

Zusammenfassung:
Die Kombination, Koordination und Bestimmung der Intensität im Einsatz der absatzpolitischen Instrumente bezeichnet man zu Recht als Marktstrategie. Die schließlich zusammengestellten und angewendeten Werkzeuge zur Vermarktung eines Produktes sind das „Marketing-Mix“. Ganzheitliches Denken wird hier zum ersten Mal gefordert!

Arbeitsbogen Nr. 4:

1. Beantworten Sie zunächst – in Stichworten – diese zwei Fragen:
   - Welche Anforderungen ergeben sich für unser Unternehmen aus dem instrumentenorientierten Ansatz des Marketing?
   - Welche dieser Anforderungen sind erfüllt – welche nicht?
2. Skizzieren Sie dann – in Stichworten –, welche Einzelaufgaben angegriffen und/oder erfüllt werden müssen, um die noch offenen Anforderungen zu erfüllen.

Anforderungen / Aufgaben / Bereiche	Anforderungen		Aufgaben
	erfüllt	nicht erfüllt	
1. Produktpolitik			
2. Sortimentspolitik			
3. Lagerpolitik			
4. Lieferpolitik			
5. Kunden-, Zielgruppen-, Marktsegmentpolitik			

Anforderungen / Aufgaben — Bereiche	Anforderungen erfüllt	Anforderungen nicht erfüllt	Aufgaben
6. Absatzwege-politik			
7. Preispolitik			
8. Konditionen-politik			
9. Verkaufs-organisation			
10. Servicepolitik/ Kundendienst			
11. Werbe-konzeption			
12. Verkaufs-förderung			

6. Der marktsegmentorientierte Ansatz

Mit dem gekonnten Umgang mit den Elementen der Marktstrategie und ihrer Kombination und Koordination zum „Marketing-Mix“ hatte das Marketing in den 60er und 70er Jahren einen hohen Stand erreicht. Dasselbe mußte man aber – als Auslöser dieser Steigerung – von der Wirtschaft ganz allgemein sagen und von einer spürbaren Entwicklung hin zur Wohlstandsgesellschaft.

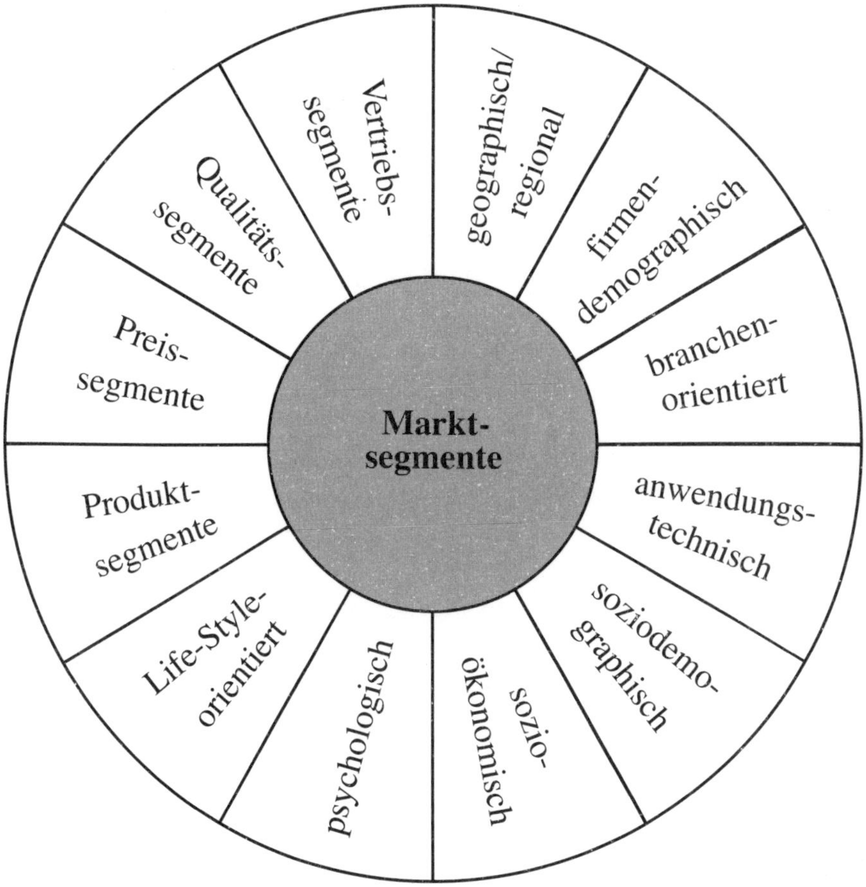

Abb. 5: Marktsegmentorientierter Ansatz

Immer neue Methoden und eine immer raffiniertere Verfeinerung der Instrumente war die Folge. Der Konkurrenzkampf im Markt draußen begann damit eigentlich schon im Unternehmen – wenn es nämlich darum ging, das eigene Angebot zu präzisieren, zu profilieren und zu präsentieren, damit es im Konzert aller Anbieter überhaupt noch zu hören war.

Wo konnte jetzt noch eine Steigerung und Verfeinerung liegen? Welches Instrument konnte jetzt noch dazu dienen, diese Präzisierung und Profilierung planbar und meßbar zu machen? Nicht mehr im Unternehmen selbst – wenn alle Funktionen optimal besetzt waren; nicht mehr in Richtung Markt – wenn alle Instrumente optimal gestaltet waren und richtig eingesetzt wurden, sondern eigentlich nur noch im Markt selber, in der größeren Präzision der Antwort auf die Frage: Für wen sind unsere Produkte eigentlich konzipiert? Haben wir darauf eine eindeutige Antwort? Und wenn wir sie haben – können wir (anknüpfend an die Bedingungen in diesem Teilmarkt) dann nicht auch unsere Produkte noch genauer auf die dort herrschenden Vorstellungen abstimmen? Damit begann das Denken in Marktsegmenten und Zielgruppen.

Und wieder muß man – als fernes Läuten – ein Phänomen erkennen, das in dieser Phase erstmalig sichtbar wurde: Die Humanorientierung in Form der genauen Beschreibung von Zielgruppen, für die man ein Angebot entwickelt und die Marktorientierung in Form der genauen Beschreibung der Teilmärkte, in die man ein neues Produkt einführen oder mit dem man sich dort behaupten möchte.

Welche Marktsegmente und Zielgruppen gibt es? Welche Unterteilungen wurden damals gefunden und heute noch benutzt?

	Marktsegmente Zielgruppen	Beispiele
Marktsegmente für den Verkauf an Unternehmen	1. Geographische/ regionale Marktsegmente	• Wirtschaftsräume, wie z. B. EG, USA und Kanada, Pazifisches Becken • Staaten, wie z. B. BRD, Frankreich, England usw. • Länder, wie z. B. Bayern, Baden-Württemberg usw. • Regionen, wie z. B. Norddeutschland/Süddeutschland, Oberbayern/Niederbayern etc.
	2. Firmendemographische Marktsegmente	• Großbetriebe, Klein- und Mittelbetriebe • Industrie, Gewerbe, Handel
	3. Branchenorientierte Marktsegmente	• Stahlindustrie, Elektroindustrie, Lebensmittel etc. • Behörden, Altersheim, Kirchen etc.
	4. Anwendungstechnische Marktsegmente	• Messen und Wiegen • Naßverfahren/Trockenverfahren • Lackieren/Spritzen/Tauchen • Schmelzen/Galvanisieren u. a. m.

	Marktsegmente Zielgruppen	Beispiele
Marktsegmente für den Verkauf an Verbraucher und Verwender = Zielgruppen	5. Soziodemographische Marktsegmente	• Eigenschaften, wie z. B. Geschlecht, Alter, Familienstand • Status, wie z. B. Auszubildende, Studenten, Angestellte, Selbständige usw.
	6. Sozioökonomische Marktsegmente	• Einkommensklassen (A, B, C, D-Schicht) • Besitzstände (Auto, Eigenheim, Grundstück, Kühlschrank, TV) • Alleinverdiener, Doppelverdiener, Rentner
	7. Psychologische Marktsegmente	• Umweltbewußte • Convenience-orientierte Käufer • Wochenbedarfskäufer • Progressive/Konservative • Trendsetter/Follower u. a. m.
	8. Life-Style-orientierte Marktsegmente	• Konzertbesucher/Opernbesucher • Antiquitätenkäufer • freizeitorientierte Käufer • sportliche Käufer • modische Käufer

	Marktsegmente Zielgruppen	Beispiele
Strategie-oriente Marktsegmente	9. Produktsegmente	• Teilsegmente aus einem Gesamtangebot, z. B. Sportwagen im Automarkt • Stilmöbel im Möbelmarkt usw.
	10. Preissegmente	• Hochpreissegmente, wie z. B. die Uhrenmarke Rolex • Niedrigpreissegmente, wie z. B. die Uhrenmarke Swatch
	11. Qualitätssegmente	• hoch angesiedelte Produkte wie z. B. Designer-Mode oder Feinschmekkersuppen • niedrig angesiedelte Produkte wie z. B. Billigpackungen oder einfache Gemüsekonserven
	12. Vertriebssegmente	• Verkauf über Fachgeschäfte oder Fachmärkte oder nur über Discounter • Franchise-Systeme, Rack-Jobbing-Systeme, • Verkauf an der Haustür

Auch hier wird es deutlich: die wenigen Beispiele können nur entfernt die Fülle von Möglichkeiten aufzeigen, die sich hier zur bewußten Planung anbieten und die Aufforderung bekräftigen, wieder einmal wie mit einer Checkliste abzuprüfen, ob die Segmente und Zielgruppen für das eigene Angebot genau genug bestimmt worden sind. In der Frühzeit dieses Denkens kamen Schlagworte auf wie dieses:

„Marketing for Everybody is Marketing for Nobody."

Wenn man jetzt noch einen ähnlichen Slogan aus der produktorientierten Phase des Marketing dazunimmt, der so lautete:

„Marketing for Everything is Marketing for Nothing"

dann wird meine Feststellung begreifbar, daß man von diesem Zeitpunkt an nie mehr ganz allgemein von Marketing im Unternehmen oder für allgemeine Märkte sprechen konnte, sondern immer nur von einer konkreten Verbindung aus Marktsegment oder Zielgruppe mit einem bestimmten Produkt oder Angebot. Diese Präzisierung ist wichtig für den Einstieg in die nächste Phase.

Auch hier sind bei heutigen Beratungskunden oder Seminarteilnehmern noch Vorstellungen aus dieser Zeit vorhanden. Wenn man mit einer Erwartungshaltung antritt, die etwa so lautet: Wir wollen eine Marketingkonzeption für unser Unternehmen entwickeln und die noch vor dem Hintergrund einer „historisch gewachsenen" Sortimentsvielfalt, dann ist der Widerstand manchmal mit Händen zu greifen gegenüber der – mit Recht – vermuteten vielen Arbeit für die Anfertigung von mehreren Konzeptionen für mehrere Produkt-Markt-Kombinationen.

Zusammenfassung:
Auf der Suche nach weiterer Präzisierung und Profilierung in den schwieriger werdenden Märkten der Wohlstandsgesellschaft begann die Konzentration auf bestimmte Teilmärkte, für die ein Angebot genau zugeschnitten wurde. Das bedeutete die Aufteilung eines anonymen Gesamtmarktes in klar beschreibbare Marktsegmente.

Arbeitsbogen Nr. 5:

1. Beantworten Sie zunächst – in Stichworten – diese zwei Fragen:
   - Welche Anforderungen ergeben sich für unser Unternehmen aus dem marktsegmentorientierten Ansatz des Marketing?
   - Welche dieser Anforderungen sind erfüllt – welche nicht?
2. Skizzieren Sie dann – in Stichworten –, welche Einzelaufgaben angegriffen und/oder erfüllt werden müssen, um die noch offenen Anforderungen zu erfüllen.

Anforderungen / Aufgaben — Bereiche	Anforderungen erfüllt	Anforderungen nicht erfüllt	Aufgaben
1. Geographische/regionale Marktsegmente			
2. Firmendemographische Marktsegmente			
3. Branchenorientierte Marktsegmente			
4. Anwendungstechnische Marktsegmente			

Anforderungen / Aufgaben / Bereiche	Anforderungen erfüllt	nicht erfüllt	Aufgaben
5. Soziodemographische Marktsegmente			
6. Sozioökonomische Marktsegmente			
7. Psychologische Marktsegmente			
8. Life-Style-orientierte Marktsegmente			
9. Produktsegmente			
10. Preissegmente			
11. Qualitätssegmente			
12. Vertriebssegmente			

Teil II: Die Entwicklung des Marketing in einer komplexer werdenden Umwelt

1. Die erste Revolution: Die Auffassung von Marketing verändert sich in Richtung des gesamthaften Denkens

Das ist – zur Eröffnung dieses neuen Kapitels – eine Anmerkung wert: Fachzeitschriften und Seminarprogramme sind heute voll mit Schilderungen und Angeboten über „Ganzheitliches Marketing" und „Vernetztes Denken". Zu Recht wird darin gemahnt, bei unternehmenspolitischen Entschlüssen und Planungen und erst recht bei der Formulierung von Marketing-Konzeptionen die vielfältigen Einflüsse und vor allem die durchaus berechenbaren Wirkungen im Umfeld des Unternehmens und in der Gesellschaft zu beachten und möglichst alle Aspekte in den Prozeß einzubeziehen. *W.K.A.Disch* stellte aber schon in den 60er Jahren den ersten Marketingregelkreis vor, und seitdem arbeiten wir mit diesem Instrument, von dem ich eine gängige Definition so formuliert habe: „Er beinhaltet alle Aufgaben um ein absatzwirtschaftliches Problem herum." Das war also schon ganz eindeutig der erste Schritt in ein ganzheitliches Marketing – allerdings immer noch sehr sachorientiert und in der absatzorientierten Phase des Marketing angesiedelt. Die zwingende Notwendigkeit dazu wurde vielleicht erst zehn Jahre später sichtbar.

Aus *drei Quellen* wurde diese Entwicklung gespeist:

1. Die Jahre der wachstumsorientierten Nachkriegswirtschaft näherten sich für die meisten Branchen einem deutlichen Ende. Der Nachholbedarf war gedeckt, die Jahre der Wohlstandsgesellschaft brachen an. Das erforderte ein anderes, ein

differenzierteres Marketing als in den abgelaufenen zwei Jahrzehnten, in denen man häufig nur eindimensional dachte und für jede Situation ein passendes Werkzeug aus dem Instrumentenkoffer holte; in der man Marketing auch vielfach als einfache Trickkiste ansah, aus der man einen Gag nach dem anderen herausholen konnte, um die Konkurrenz zu überholen. Hinzu kamen – ausgelöst oder jedenfalls sichtbar gemacht durch die 68er Bewegung – völlig neue Wertvorstellungen in die Gesellschaft, und der „Wertewandel" wurde zum Schlagwort. Auch die Bewegung der Grünen gehört in dieses Bild: Ökologie wurde zum Thema der Politik.
Dazu kamen die ersten gravierenden Veränderungen durch den Einsatz der Elektronik. Nicht nur die damals häufig geschilderten ersten „Roboter" in den Fabriken beschäftigten die Menschen, sondern auch der beginnende Siegeszug der preiswerten und kleinen Personalcomputer und die damit verbundene Demokratisierung der Information in den Unternehmen.
Es gab die ersten Berichte des „Club of Rome" über die „Grenzen des Wachstums" und die „Menschheit am Wendepunkt", und es gab den „Zukunftsschock" von *Alvin Toffler,* den Zukunftsschock, wie er ihn sah: hauptsächlich als Fülle der Veränderungen und als Aufforderung, sich diesen Veränderungen zu stellen. Das wurde damals zum geflügelten Wort: Nicht die Veränderung ist entscheidend, sondern unsere Einstellung dazu!
Diese Veränderungen in Wirtschaft und Gesellschaft gingen natürlich auch am Marketing nicht spurlos vorüber. Es wuchs das Verlangen nach einem mehrdimensionalen oder doch jedenfalls alles umfassenden Modell, mit dem man der wachsenden Komplexität Rechnung tragen konnte.

2. Unternehmen waren viele Jahrzehnte lang als „geschlossene Systeme" geführt worden. Man war mit sich selbst beschäftigt,

mit seinen Kunden und Lieferanten und bestenfalls noch mit seinen Banken. Das änderte sich schlagartig. Unternehmen und ihre Führungen mußten lernen, daß vielfältige Einflüsse von außen auch ein Unternehmen dazu zwingen, als „offenes System" betrachtet und geführt zu werden. Offen zunächst nur für die damals schon sichtbaren Umfeldbedingungen in Ökonomie, Ökologie, Technologie, Soziologie sowie in Politik und Recht, offen aber auch gegenüber neuen Konkurrenten im Markt bei niedrigeren Eintrittsbarrieren und offen durchaus für internationale Entwicklungen.

3. Auch der dritte Anstoß hat seine Quelle in einer komplexer gewordenen Situation, nämlich in den mittlerweile aufgebauten und angewendeten Instrumenten und Methoden des Marketing selbst. Die Aufstellung (S. 52/53) soll das noch einmal deutlich dramatisieren: Hinter den Überschriften und den dazugehörigen Untertiteln verbirgt sich ja noch eine Fülle von Detailaufgaben, die im Zusammenhang mit dem hier gestellten Thema gar nicht geschildert, ja nicht einmal komplett aufgezählt werden können. Sie gehören in ein Marketinglehrbuch oder -seminar oder auch in ein heute schon mehrjähriges Marketingstudium mit bereits einengender Schwerpunktbildung. Wo soll man anfangen? Gibt es eine Denkhilfe? Gibt es ein ordnendes System, mit dessen Hilfe man – immer hart am definierten absatzwirtschaftlichen Problem entlang – arbeiten kann mit dem erklärten Ziel, alle Aspekte zu berücksichtigen?

Instrumente, Methoden und Aufgaben in der absatzorientierten Phase des Marketing:

Die Phasen	Aufgaben/Instrumente/Methoden
1. Der produkt-orientierte Ansatz	• Eigenschaften • Nutzen • Positionierung • Service • Preis • Verpackung
2. Der distributions-orientierte Ansatz	• Verkauf • Lagerung • Lieferung • Verfügbarkeit
3. Der funktions-orientierte Ansatz	• Forschen • Entwickeln • Planen • Steuern • Kontrollieren • Informieren • Analysieren • Organisieren • Finanzieren • Motivieren
4. Der instrumenten-orientierte Ansatz	• Produktpolitik • Sortimentspolitik • Lagerpolitik • Lieferpolitik • Absatzwegepolitik • Kundenpolitik/Marktsegmente • Preispolitik • Konditionenpolitik • Verkaufsorganisation • Servicepolitik/Kundendienst • Werbekonzeption • Verkaufsförderungs-Konzeption

Die Phasen	Aufgaben/Instrumente/Methoden
5. Der marktsegment-orientierte Ansatz	• Geografisch/regional • Firmendemografisch • Branchenorientiert • Anwendungstechnisch • Soziodemografisch • Sozioökonomisch • Psychologisch • Life-style-orientiert • Produktsegmente • Preissegmente • Qualitätssegmente • Vertriebssegmente

Für die damaligen Marketer waren das durchaus schon revolutionäre Gedanken. Wer wollte denn schon eine erfolgsgewohnte und sollzahlenorientierte Verkaufsmannschaft zum Denken in konzeptionellen Zusammenhängen bringen? Wer wollte die sehr selbständig und selbstbewußt operierenden Werbeagenturen und Verkaufsförderungsabteilungen fachlich einbinden in ein Gesamtkonzept? (Notabene: Damals fingen fortschrittliche Werbeagenturen damit an, „Marketing" anzubieten und – als Serviceleistung – Marketingkonzeptionen für ihre Kunden zu entwickeln). Ein Umdenken fand statt – und das Instrument dafür war seit langem vorhanden: der Marketingregelkreis.

Zusammenfassung:
Aus ganz unterschiedlichen Gründen wuchs am Ende der absatzorientierten Phase des Marketing das Verlangen nach einem ganzheitlichen Modell: sowohl aus den immer komplexer werdenden Märkten als auch aus dem immer differenzierter auftretenden Marketing selbst. Die erste Antwort: der Marketingregelkreis.

2. Der Marketingregelkreis: Koordination aller Aufgaben um ein absatzwirtschaftliches Problem

Der Marketingregelkreis, so wie ihn *W.K.A. Disch* sah, besteht aus acht Elementen:

Abb. 6: Erster konzeptioneller Ansatz

- Er beginnt – wenn man bei einem Kreis überhaupt von Beginn sprechen kann – mit der *Information*. Ein vollständiges Marketinginformationssystem wird von drei Informationsströmen gespeist: Es sind die Marktinformationen, die Umweltinformationen und die Informationen aus dem Unternehmen.

- Im nächsten Schritt wird die *Analyse* der aufgenommenen und aufbereiteten Informationen verlangt als Antwort auf die Frage: Welche Schlüsse ziehen wir aus dem Informationsangebot? Das kann regelmäßige, umfassende Analysen und Prognosen betreffen zu bestimmten Gesamtproblemen, aber auch nur temporäre oder partielle Analysen zu bestimmten Sachverhalten. [1)]
- Aus Information und Analyse entsteht die realistische *Zielsetzung.* Für eine vollständige Marketingkonzeption müssen zwei Ebenen in der Zielhierarchie eines Unternehmens angesprochen werden: zum einen die für diese Marketingkonzeption relevanten unternehmenspolitischen Oberziele, z. B. Wachstum, Rentabilität oder Image, zum anderen die operativen Marktziele in der Konzeption selbst als definierter Endpunkt aller Bemühungen, die in der Konzeption zusammengefaßt werden.
- Dann stellt sich die Frage: Können wir das überhaupt? Wie sind die *Voraussetzungen* beschaffen, die zur Erreichung der Ziele notwendig sind? Sie werden sich mehrheitlich zusammenfassen lassen unter den Stichworten Personal, Organisation, Information, Finanzen.
- Die wichtigste Frage: Wie wollen wir vorgehen, um unsere Ziele zu erreichen? Welche *alternativen Strategien* gibt es überhaupt? Hochpreispolitik oder Niedrigpreispolitik? Breites Sortiment oder tiefes Sortiment? Oder breit und tief zugleich? Freie Handelsvertreter oder fest angestellte Reisende? Das alles wird abhängen von den *Einflußgrößen,* die bei der Formulierung einer Strategie zu beachten sind.
- Aus der Bewertung der unterschiedlichen Alternativen im Hin-

blick auf den erwarteten Grad der Zielerreichung errechnet sich die *optimale Strategie* – optimal nicht nur für den Weg zum Ziel, sondern optimal auch für den jetzigen Zeitpunkt und die jetzige Situation. Dazu müssen wiederum die Informationen und Analysen herangezogen werden.

- Jetzt endlich geht es in die Phase der *Realisierung* hinein. Alle Ziele und Strategien müssen sich niederschlagen in Einzelplänen, z. B. für den Verkauf, für die Werbung, für die Marktbearbeitung. Gut ausgearbeitete Budgets sind typische Vertreter dieses Elementes.
- Am Ende des Kreises – wenn man von Ende überhaupt reden kann – steht die *Kontrolle,* nicht im Sinne von „Nachkontrollieren", sondern eher im Sinne von „Controlling", und das heißt: regeln, steuern, eingreifen. An dieser Stelle sollen Informationen zur evtl. Kurskorrektur auftauchen, und das werden mehrheitlich Soll-Ist-Vergleiche zu allen vorgegebenen Zielen und Plänen sein.

Was sagt die Kontrolle? Haben wir eine Abweichung von der Soll-Größe? Woran kann das gelegen haben? Welche *Informationen* und *Analysen* zur evtl. Zielkorrektur geben uns Auskunft? Können wir unsere *Ziele* noch halten oder müssen wir sie neu formulieren? Waren wir konsequent genug bei der Schaffung aller *Voraussetzungen?* – oder: welche müssen erst noch beigebracht werden? Welche der *alternativen Strategien* ist unter den veränderten Ausgangswerten jetzt die *optimale Strategie?* Wie schlägt sich das in allen korrigierten Einzelplänen zur *Realisierung* nieder? Was sagt nun die *Kontrolle?* Wir liegen im Plan! Warum? Und wieder würde mit der entsprechenden Information der Einstieg in den Regelkreis beginnen.

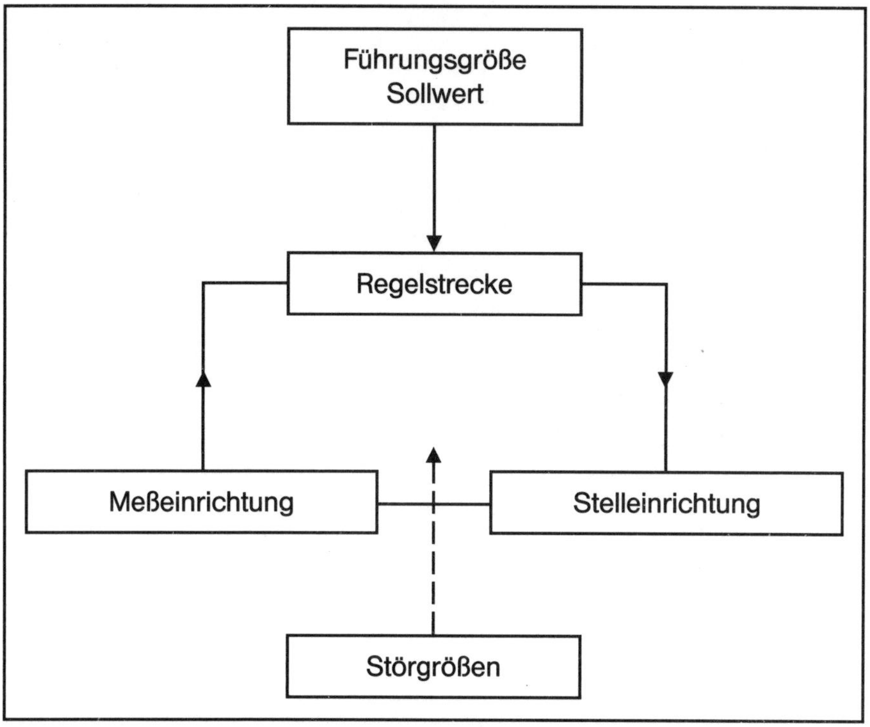

Abb. 7: Das Prinzip des Regelkreises

Damit sind wir bei der entscheidenden Frage: Warum ist diese Art zu denken als „Regelkreis" zu bezeichnen, für den es ja ganz bestimmte Bestandteile und Anforderungen gibt?

- Ein Regelkreis ist ein geschlossenes System – und das ist beim geschilderten Marketingregelkreis sicher nachvollziehbar. In diesem Falle handelt es sich um einen Regelkreis mit nichtselbständiger Regelung, da menschliche Eingriffe aufgrund von ermittelten Abweichungen vom Soll vorgenommen werden müssen.
- Führungsgröße oder Sollwert ist die Zielsetzung, wobei Information und Analysen dazu dienen, die Führungsgröße richtig zu bestimmen.

- Als Regelstrecke bezeichnet man die zu beeinflussenden Teile des Systems. In unserem Marketingregelkreis sind das die notwendigen Voraussetzungen einerseits und die Strategien zur Erreichung der Ziele andererseits.
- Zur unmittelbaren Beeinflussung der Regelstrecke dient die Stelleinrichtung. Wir können sie leicht zuordnen mit dem Element der Realisierung im einzelnen.
- Letzte Station ist die Kontrolle als Meßeinrichtung. Sie dient dem Vergleich mit den Führungsgrößen und deckt eingetretene Abweichungen auf.
- Bleibt – last, not least – die Frage nach den Störgrößen. Das dürfte man eigentlich verkaufsorientierte Mitarbeiter gar nicht fragen, denn sie erleben es jeden Tag: die sich ständig neu formierende Marktentwicklung, die Konkurrenzeinwirkung und die Kundenreaktionen.

Alle Bestandteile eines technisch/wissenschaftlich definierten Regelkreises sind also vorhanden. Die Bezeichnung als Marketingregelkreis besteht also zu Recht und damit auch die Behauptung, daß wir es hier erstmalig mit einem System zu tun haben, das die Bezeichnung „Ganzheitliches Marketing" verdient.

Der Unterschied zu allen anderen vorher geschilderten Ansätzen läßt sich auch noch auf andere Weise belegen:

- Im produktorientierten Ansatz handelt es sich um die Beschreibung und Optimierung unseres Angebotes. Alle aufgeführten Bestandteile kann man einzeln behandeln.
- Im distributionsorientierten Ansatz handelt es sich um die Beschreibung der Aufgaben in diesem Bereich und deren Optimierung.

  Alle aufgeführten Bestandteile kann man einzeln behandeln.

- Im funktionsorientierten Ansatz geht es um die Beschreibung der Voraussetzungen im Unternehmen.
  Jede einzelne Aufgabe kann man einzeln behandeln und die Schwachstellen gezielt einer Verbesserung zuführen.
- Bei den Instrumenten ist es ebenso eindeutig. Es handelt sich um die Beschreibung einerseits und um die Aufforderung andererseits, jedes Instrument so optimal wie möglich zu gestalten und anzuwenden. Jedes Instrument kann einzeln in die Hand genommen und eingesetzt werden.
- Bei den Marktsegmenten handelt es sich um die Definition von Teilmärkten und es ist keine Frage: Mehrheitlich wird nur ein Marktsegment bearbeitet oder allenfalls mehrere nebeneinander.
- Ganz anders beim Marketingregelkreis als erstem konzeptionellen Ansatz: Es handelt sich nicht um Einzelteile, sondern um ein ganzes System, um ein geschlossenes Konzept. Ein Element baut auf das andere auf, keines kann verändert werden ohne Wirkung auf die anderen Elemente, und erst, wenn *alle* Elemente in logischer Folge bearbeitet worden sind, kann die Wirkung nach außen eintreten. Das ist der gravierende Unterschied zu allen vorangegangenen Entwicklungsstufen.

Für das Denken in solchen konzeptionellen Zusammenhängen haben sich unterschiedliche Bezeichnungen herausgebildet. Im Hinblick auf die Forderung nach gesamthaftem Denken sprechen manche Marketer vom

Strategischen Marketing

und zwar deshalb, weil eben dieses gesamthafte Denken eine der Antworten ist auf die Frage: Was ist eigentlich eine Strategie?

Andere nehmen aus genau diesem Grunde die Bezeichnung

Ganzheitliches Marketing

schon für den Marketingregelkreis und seine Denkweise in Anspruch. Auch ich habe – in der absatzorientierten Phase – den Marketingregelkreis als praktische Umsetzung der Forderung nach einem ganzheitlichen Marketing gesehen. Die in den folgenden Kapiteln noch zu schildernden zukünftigen Entwicklungen lassen diese Verbindung aber als nicht mehr ausreichend erscheinen. Ganzheitliches Marketing ist heute schon viel mehr! Deshalb bleibe ich – als ganz persönliche Einstellung – bei der Bezeichnung

Marketingregelkreis

für diese Entwicklungsstufe und ich trete dafür ein, daß man „Ganzheitliches Marketing" heute weiter faßt und die Einbettung in die gesellschaftspolitischen Trends und die verstärkte Humanorientierung mit dazu nimmt.

Das mindert ganz und gar nicht den Wert des Marketingregelkreises, den wir als Arbeitsinstrument auch für alle weiteren Entwicklungsstufen brauchen.

Eine Marketingkonzeption (als schöpferischen Einfall, als geistigen Entwurf einer möglichen Handlung) wird man aber in Zukunft nicht ohne die Beachtung der größeren Zusammenhänge mit Erfolg entwerfen und umsetzen können. Davon später.

Zusammenfassung:
Der Marketingregelkreis ist ein echter Regelkreis im technisch/wissenschaftlichen Sinne. Er enthält alle notwendigen Bestandteile: Zielgrößen, Regelstrecke, Stelleinrichtung und Meßeinrichtung. Der Markt, die Kunden und Konkurrenten wirken als Störgrößen ein. Mit diesem geschlossenen Regelkreis haben wir zum ersten Male ein System, das den Namen „Ganzheitliches Marketing“ in Anspruch nehmen könnte.

3. Die Arbeit mit dem Marketingregelkreis

Dieser Marketingregelkreis ist die sachorientierte Basis auch für alle weiteren Stufen der Entwicklung im Marketing. Deshalb muß die Frage beantwortet werden: Wie arbeitet man damit? Was verbirgt sich hinter den einzelnen Überschriften? Welche Teile gehören dazu? Bei dieser Schilderung wird man auf alte Bekannte stoßen. Denn natürlich braucht man auch in dem logischen Gedankengebäude des Marketingregelkreises die Instrumente, Methoden und Aufgaben aus den vorangegangenen Stufen der Entwicklung – nur eben in einem anderen Zusammenhang und als Teile eines Ganzen.

3.1 Produktdefinition und Marktsegmentdefinition

Bevor man allerdings in den Regelkreis einsteigt, müssen zwei Fragen geklärt sein:

Was verkaufen wir? ⟷ An wen?

Das sind die Produktdefinition und die Marktsegmentdefinition. Denn das war eine der Folgen des immer differenzierter auftretenden Marketing in immer komplexer werdenden Märkten: daß wir nicht mehr ganz allgemein sagen können „Machen wir mal Marketing", sondern daß immer die sehr eindeutige Aufgabe davorsteht, ein ganz bestimmtes Produkt für einen ganz bestimmten Markt zu entwickeln, es dort einzuführen oder dort zu halten oder dort zu forcieren.

Hier ist die Antwort einfach: Für die umfangreiche Beschreibung des Produktes mit

- Eigenschaften

- Nutzen
- Positionierung
- Service
- Preis
- Verpackung

greift man zurück auf den produktorientierten Ansatz des Marketing und findet dort alle Aufgaben, alle Erfahrungen, alle Verfeinerungen, mit denen Produktmanager heute umgehen. Vereinfacht könnte man aber sagen: Erst wenn der Marketer genau weiß, was er eigentlich „vermarkten“ soll, kann er seine Kenntnisse und Erfahrungen zielgerichtet einsetzen. Für diese Vorarbeit der Produktdefinition habe ich eine sehr harte Maxime:

- Die einzige Daseinsberechtigung für ein Produkt ist, daß es Nutzen stiftet für den Verwender.
- Dieser Nutzen muß klar erkennbar und argumentierbar sein,
- und er muß größer sein als der des Konkurrenzproduktes.

Das kann man sicherlich nicht mit allen Eigenschaften eines Produktes für alle theoretisch denkbaren Käufer und Verwender. Und da liegt die Begründung für die zweite Vorarbeit verborgen, nämlich genau zu definieren, für welches Marktsegment oder für welche Zielgruppe denn ganz bestimmte Produktnutzen oder -zusatznutzen „größer“ sind als die des Konkurrenzproduktes.

Damit sind wir bei der Marktsegmentdefinition. Hier soll der Rückgriff erlaubt sein auf das Kapitel 6: Der marktsegmentorientierte Ansatz. Dort sind nicht nur die Marktsegmente und Zielgruppen genannt, die man ansteuern kann, sondern auch viele Beispiele für mögliche Ausformulierungen.

Am Schluß dieser beiden Überlegungen muß es jedenfalls möglich sein, für eine Marketingkonzeption eine eindeutige Überschrift zu finden, zum Beispiel so: Dies ist die Marketingkonzeption für das Produkt x zur Einführung in den Markt y.

3.2 Informationsprogramm für eine Marktanalyse

Dann ist das Feld genau genug abgesteckt, um mit der Analyse des in Frage kommenden Marktes zu beginnen. Zu der Übersicht auf Seite 65 noch einige Hinweise und Beispiele:

- Da sind zunächst die *quantitativen Marktdaten* zu erfragen. Sie sollen Auskunft geben über das Marktpotential, über das jährliche Marktvolumen und über die Marktanteile, die wir uns mit den Konkurrenten teilen müssen.
- Mindestens ebenso wichtig – heute vielleicht noch wichtiger – sind die *qualitativen Marktdaten*. Gekauft wird, das sagt unsere Konjunkturentwicklung seit Jahren, mit deutlichen Zuwachsraten. Aber warum Menschen kaufen – oder auch nicht kaufen – gewinnt in einer Überflußgesellschaft für alle Hersteller besondere Relevanz.
- Auch bei der *Konkurrenzanalyse* ist es weitaus wichtiger zu erkennen, wo deren Stärken und Schwächen liegen und mit welchen Strategien sie vorgehen, als daß wir nur von Anzahl, Größe und Marktanteilen reden.
- Wenn der Markt auf diese Weise transparent geworden ist, muß die Frage nach der *Kundenstruktur* beantwortet werden. Das betrifft Größenordnungen und Arten genauso wie die regionalen Besonderheiten.
- Und wer tummelt sich mit uns zusammen auf diesem Markt? Mit welcher *Branchenstruktur* haben wir es zu tun? Welche Merkmale zeigt diese Branche? Ist sie – zum Beispiel – ausgelastet oder nicht? Kooperativ untereinander oder aggressiv?

Informationsprogramm für eine Marktanalyse	
1. Quantitative Marktdaten	– Marktgröße – Marktwachstum – Marktanteile – Bedarfsstabilität
2. Qualitative Marktdaten	– Bedürfnisstruktur – Kaufmotive – Kaufprozesse – Informationsverhalten
3. Konkurrenzanalyse	– Umsätze/Marktanteile – Stärken und Schwächen – Erkennbare Strategien – Finanzkraft – Managementqualität
4. Kundenstruktur	– Anzahl Kunden – Kundenarten/Kundengrößen – Regionale Schwerpunkte – Branchenspezifische Schwerpunkte
5. Branchenstruktur	– Anzahl Anbieter – Art der Anbieter – Organisationen/Verbände – Kapazitätsauslastung – Wettbewerbsmentalität
6. Distributionsstruktur	– Geographisch – Nach Absatzkanälen
7. Sicherheit	– Eintrittsbarrieren – Substituierbarkeit

Quelle: Pümpin, Die Orientierung 76/1980

- Für viele Anbieter ist die *Distributionsstruktur* eine wichtige Größe. Gibt es ein entsprechendes Verteilernetz für unsere Produkte? Wie ist das aufgeteilt und strukturiert?
- Die Frage nach der *Sicherheit* in bestimmten Märkten ist wichtig für Investitionsentscheidungen für neue Produkte, aber auch als Ausgangspunkt für Diversifikationen oder Entwicklungsprogramme. Sie erhält erhöhte Relevanz im Hinblick auf die Öffnung des Europäischen Marktes: Welche spanischen oder portugiesischen Anbieter stehen schon in den Startlöchern?

Hier ist noch nichts gesagt über die Quantität und vor allem über die Qualität der Informationen und über ihren Detaillierungsgrad. Das dürfte von Fall zu Fall und von Firma zu Firma verschieden sein. Die ganze Kunst der Marktforscher wird gefordert sein, wenn es darum geht, in einem sehr heterogenen Markt alle notwendigen Informationen zu beschaffen, aufzubereiten und richtig zu interpretieren. Aber das ist nicht Gegenstand dieses Buches.

3.3 Informationsprogramm für eine Umweltanalyse

Ein Unternehmen ist heute ein offenes System, vielfältig verbunden mit den Entwicklungen in seiner weiteren Umwelt. Wenn das richtig ist, dann müssen uns Informationen aus den für das Unternehmen relevanten Feldern helfen, diese Umwelt richtig einzuschätzen und ihre Entwicklungen zu verfolgen – möglichst noch zu antizipieren.

- Kein Wunder, daß die Liste (S. 67) mit der *ökologischen Umwelt* beginnt. Das ist das publikumswirksamste Thema überhaupt, und wir haben seit dem ersten Bericht des „Club of Rome" lernen müssen, daß Energie und Rohstoffe als dritter und vierter

Informationsprogramm für eine Umweltanalyse	
1. Ökologische Umwelt	– Verfügbarkeit von Energie – Verfügbarkeit von Rohstoffen – Strömungen im Umweltschutz – Anforderungen durch Recycling
2. Technologische Umwelt	– Produktionstechnologie – Produkttechnologie – Produktinnovationen – Substitutionstechnologie – Recyclingtechnologie
3. Wirtschaftliche Umwelt	– Entwicklung des Volkseinkommens – Entwicklung des intern. Handels – Entwicklung der Zahlungsbilanzen – Entwicklung der Wechselkurse – Inflationstendenzen – Entwicklung der Kapitalmärkte – Arbeitsmarktentwicklung – Investitionsneigungen – Erwartete Konjunkturentwicklungen – Entwicklung besonderer Sektoren
4. Soziodemographische Umwelt	– Bevölkerungsentwicklung – Bevölkerungsstrukturen – Sozialpsychologische Strömungen
5. Politische und rechtliche Umwelt	– Globalpolitische Entwicklungen – Nationale politische Entwicklungen – Regionale politische Entwicklungen – Wirtschaftspolit. Entwicklungen – Sozialpolitische Entwicklungen – Gewerkschaftliche Einflüsse – Steuerpolitische Entwicklungen

Quelle: Pümpin, Die Orientierung Nr. 76/1980

Produktionsfaktor gleichwertig neben Kapital und Arbeit treten.

- Die *technologische Umwelt* bezieht ihre Brisanz aus der bisher nicht gekannten Rasanz der Entwicklungen. Wer hier nicht rechtzeitig schaltet, läuft schnell diesen Entwicklungen hinterher. Deshalb muß ein breiter Strom von nationalen und internationalen Informationen helfen, das zu vermeiden.
- Über die Entwicklungen in der *wirtschaftlichen Umwelt* berichten heutzutage schon alle Tageszeitungen. Die Entwicklung des Bruttosozialproduktes als Meßgröße für das zu erwartende Wachstum ist vielen Bürgern geläufig. Firmen interessieren sich darüber hinaus sicher für den internationalen Handel, für Wechselkurse und Kapitalmärkte, aber auch für die Investitionsneigung in bestimmten Branchen und die regionale Arbeitsmarktentwicklung.
- Obwohl die Bedeutung der *soziodemographischen Umwelt* für jeden – selbst für den Laien – einsichtig sein müßte, werden sogar hier noch Fehler gemacht und Lücken gelassen. Die Bevölkerungsentwicklung, die Zahl der Schulabgänger und voraussichtlichen Studenten sind einfache Beispiele. Sogar über die absehbare Stärke der Bundeswehr mußte noch lange diskutiert werden; obwohl man bei 20jährigen jungen Männern schon vor 20 Jahren hätte abzählen können, wieviel es davon wohl später geben wird.
- Die *politische und rechtliche Umwelt* schlägt sich nieder in der Vielzahl von Gesetzen und Bestimmungen, die ein Unternehmen heute beachten muß, nicht nur bei der Steuer, sondern auch beim Arbeitsrecht, nicht nur national oder regional, sondern auch international – wenn man zum Beispiel an die Öffnung zum Europäischen Binnenmarkt denkt.

Für die antizipative Aufbereitung des zur Verfügung stehenden Materials ist die Szenariotechnik entwickelt worden. Auch hier können wir sofort wieder zuordnen:

- Haupteinflußgrößen sind die fünf „Umwelten" auf der linken Seite des Informationsprogramms.
- Deskriptoren dagegen finden sich reichlich (und beispielhaft) auf der rechten Seite des Informationsprogramms.

Und aus beidem: Aus einer aktuellen Analyse des heutigen Zustandes und einem Szenario des zukünftigen Zustandes lassen sich

- Chancen und Gefahren für das Unternehmen
- Chancen und Gefahren für unsere Produkte

sicherlich ableiten. Damit bekommt eine mittelfristig angelegte Marketingkonzeption den richtigen, weil marktorientierten Hintergrund.

3.4 Informationsprogramm für eine Unternehmensanalyse

Mit den beiden nach außen gerichteten Informationsprogrammen ist die Arbeit aber noch nicht getan. Wir müssen ja noch herausfinden: Können wir das alles überhaupt, was wir uns da vornehmen? Eine Erfahrung aus vielen Jahren Beraterpraxis:

- Es ist ja so einfach, eine beifallsträchtige Marketingkonzeption zu entwickeln und zu präsentieren, wenn man sich nicht um die Voraussetzungen im Unternehmen (und damit um den ersten, wichtigsten Schritt zur Realisierung) kümmern muß!
- Stellt man sich aber dieser Aufgabe, dann arbeiten wir auf der Seite der zu prüfenden und ggf. auch zu schaffenden Voraussetzungen oft länger und härter als bei der Entwicklung der nach außen wirksamen Teile.

Aber das ist nun einmal so: Erst aus der Harmonisierung von Wünschen und Möglichkeiten entsteht eine realistische Planung! Also müssen wir uns mit unseren „Möglichkeiten" auseinandersetzen.

Dazu dient das vorgestellte Informationsprogramm auf den Seiten 71/72 und 73.

- Bei den Fragen zur *allgemeinen Unternehmensentwicklung* werden wir schnell mit den EDV-Ausdrucken aus Vergangenheit und Gegenwart zurechtkommen.
- Anders ist es mit den folgenden Informationsfeldern, die mit den Fragen nach unserem *Marketing* beginnen. Hier geht es um eine Beurteilung, und die ist selten mit Zahlen und quantitativen Angaben zu haben. Deshalb werden wir mit sehr subjektiven Angaben zurechtkommen müssen. Zu den Fragen nach Marktleistung, Preisen, Marktbearbeitung und Distribution sind Beispiele für mögliche Aussagen aufgeführt.

Informationsprogramm für eine Unternehmensanalyse	
1. Allgemeine Unternehmensentwicklung	- Umsatzentwicklung - Cash-Flow-Entwicklung - Gewinnentwicklung - Kostenentwicklung

2. Marketing	- Marktleistung
	  - Breite des Sortiments
	  - Tiefe des Sortiments
	  - Grad der Bedürfnisbefriedigung
	  - Qualität der Produkte
	  - Qualität der zusätzlichen Leistungen (Software)
	
	- Preise
	  - Preispolitik
	  - Konditionen
	  - Zahlungsbedingungen
	
	- Marktbearbeitung
	  - Verkaufskonzept
	  - Verkaufsorganisation
	  - Werbekonzept
	  - Werbeaufwand
	  - Verkaufsförderung
	  - Öffentlichkeitsarbeit
	  - Markenpolitik
	  - Firmenimage
	  - Produktimage
	
	- Distribution
	  - Lieferbereitschaft
	  - Lagerpolitik

3. Produktion	- Produktionsprogramm - Produktionstechnologie - Zweckmäßigkeit

Informationsprogramm für eine Unternehmensanalyse	
	– Modernität – Ausnutzungsgrad – Produktionskapazität – Produktivität – Produktionskosten – Einkauf/Versorgungssicherheit
4. Forschung und Entwicklung	– Aktivitäten und Investitionen für die Forschung – Aktivitäten und Investitionen für die Entwicklung – Leistungsfähigkeit – Verfahrensentwicklung – Produktentwicklung – Softwareentwicklung – F & E – Know-how – Patente und Lizenzen
5. Finanzen	– Kapital und Kapitalstruktur – Stille Reserven – Finanzierungspotential – Working Capital – Liquidität – Kapitalumschlag – Investitionsintensität
6. Personal	– Qualität des Personals – Leistungsfähigkeit – Arbeitseinsatz – Lohnpolitik/Soziale Leistungen – Betriebsklima – Teamgeist
7. Führung und Organisation	– Stand der Planung – Entscheidungsverhalten

Informationsprogramm für eine Unternehmensanalyse	

	- Kontrolle
	- Qualität und Leistungsfähigkeit der Führungskräfte
	- Zweckmäßigkeit der Organisation
	- Innerbetriebliche Information
	  - Rechnungswesen
	  - Marktinformationen

8. Innovationspotential	- Einführung neuer Marktleistungen - Erschließung neuer Märkte - Erschließung neuer Vertriebswege

Quelle: Pümpin, Die Orientierung 76/1980

- Dann geht es in die eher marktfernen Abteilungen eines Unternehmens. Das beginnt mit der *Produktion*. Vielleicht ist unsere Produktionstechnologie hoffnungslos veraltet, was sich wiederum bei der Produktivität und damit bei den Produktionskosten niederschlägt. Dahinter steht aber die Preispolitik! Marktorientierung im *ganzen* Unternehmen – so oft gefordert und so selten realisiert – hieße hier: Gebt den Marketern moderne Qualitätsprodukte in die Hand zu marktgerechten Preisen!
- Bei der *Forschung und Entwicklung* werden deren Effizienz und deren Aufwand abgefragt. Auch hier steht die Frage nach der Marktorientierung (und noch viel mehr die nach der Zukunftsorientierung) des Unternehmens unübersehbar im Hintergrund.
- Der Umstieg der Unternehmen von den Wachstumsstrategien der Nachkriegsjahre zu den Wettbewerbsstrategien der Überflußgesellschaft hat eine Doppelbelastung der Finanzen mit sich gebracht, die von vielen Unternehmen noch nicht richtig realisiert worden ist: das Eindringen oder Expandieren in einem besetzten Markt einerseits und die Abwehr von Konkur-

renten (die dasselbe in unserem Markt wollen) andererseits. Der Frage nach den *Finanzen* des Unternehmens kommt also im Marketing eine erhöhte Bedeutung zu.

- Welche Einstellung hat das *Personal?* Ist es genügend lernfähig angesichts ständig neuer Herausforderungen? Ist es genügend motiviert, auch in schwieriger werdenden Märkten gute Leistungen zu erbringen?
- Zum Schluß stellt sich die Frage nach *Führung und Organisation.* Wettbewerb beginnt heute nicht erst draußen am Markt, sondern schon weit vorher! Wenn Führungskräfte den Marsch in eine bessere Zukunft nicht verschlafen haben, wenn – auf allen Ebenen – Entscheidungen schnell, mutig und überlegt getroffen werden (und wenn das auch erlaubt ist!), und wenn auch – als letztes Beispiel – ein Planungssystem die nötige Flexibilität bei sich schnell verändernden Voraussetzungen erlaubt – kann das Unternehmen im Wettbewerb bestehen.

Wir sind diesem „Blick nach innen" schon einmal begegnet, und zwar im Kapitel 4: Der funktionsorientierte Ansatz. Die dort genannten, das Unternehmen als Ganzes überlagernden Funktionen des Informierens, Analysierens, Planens etc. kommen dann zu den aufgabenorientierten Informationen aus Marketing, Produktion und Verwaltung noch dazu.

Von diesen zwei Scheinwerfern beleuchtet und von mutigen Mitarbeitern eindeutig beschrieben, entsteht ein Bild des Unternehmens mit seinen Stärken und Schwächen. Das verhindert Illusionen und führt zur größeren Konzentration auf die zur Umsetzung der Konzeption notwendigen Stärken.

3.5 Analysen und Prognosen

Es ist wohl vorstellbar, daß bei der konsequenten und permanenten Sammlung und Aufbereitung eine große Menge an Daten und Informationen anfällt. Das ist gewissermaßen der Vorrat an Material für die weitere Bearbeitung des Marketingregelkreises – und bestimmt schon ein Wert an sich durch die intensive Beschäftigung mit allen in Frage kommenden Bedingungen für die gestellte Aufgabe. Im Sinne der konzentrierten Arbeit am jeweils gestellten Marketingproblem und im Sinne der logischen Abfolge von Schritten bis zur Problemlösung reicht das aber noch nicht aus. Gezielt angesetzte Analysen und Prognosen müssen die Ausgangssituation weiter erhellen. Hier bestimmt die Überschrift über die in Arbeit befindliche Konzeption, welche der als Beispiele aufgeführten Analysen und Prognosen weiterhelfen können (Übersicht S. 76).

Dabei wird es Analysen und Prognosen geben, die immer wieder, vielleicht sogar zu bestimmten Terminen, ein Gesamtproblem umfassen, zum Beispiel einen Gesamtmarkt oder die gesamte Umwelt eines Unternehmens oder auch das Unternehmen selbst. Marketingkonzeptionen für die Einführung eines neuen Produktes oder die Erschließung neuer Märkte sind hier gute Beispiele, aber auch Marketingkonzeptionen zur Veränderung von Marktpositionen gegenüber bestimmten Wettbewerbern.

Anders die temporären, partiellen Analysen, die zu bestimmten Sachverhalten angefertigt werden: Wenn zum Beispiel das Potential eines bestimmten Marktsegmentes ermittelt werden muß, um Hinweise auf den Grad der Marktausschöpfung durch den Außendienst zu erhalten; oder die Kaufmotive einer bestimmten Zielgruppe als Grundlage für die Produktentwicklung, Verpakkung, Werbung. Konkurrenzanalysen (besonders deren Stärken und Schwächen) sind vorstellbar bei Marketingkonzeptionen zur Erhöhung der Marktanteile. Sortimentsanalysen, z. B. nach Dekkungsbeiträgen in Prozent vom Umsatz aufgemacht, oder Distributionsanalysen geben ebenso wie Standortanalysen Hinweise auf eigene Stärken und Schwächen bei Marketingkonzeptionen zur Verteidigung angestammter Märkte. Geht es um die verstärkte Marktdurchdringung, werden Kundenstruktur und Gebietsanalysen nützlich sein. Als Antwort auf die Frage nach den optimalen Werbeträgern wird man z. B. Leser- oder Mediaanalysen ansetzen.

Analysen und Prognosen	
Regelmäßige, umfassende Analysen und Prognosen zu bestimmten Gesamtproblemen:	
• Marktanalysen • Umweltanalysen • Unternehmensanalysen	
Temporäre, partielle Analysen und Prognosen zu bestimmten Sachverhalten:	
• Marktsegmentanalysen • Zielgruppenanalysen • Konkurrenzanalysen • Sortimentsanalysen • Kundenstrukturanalysen • Distributionsanalysen	• Gebietsanalysen • Imageanalysen • Leseranalysen • Mediaanalysen • Standortanalysen

Dies alles sind nur Beispiele. Anlässe und Überschriften für gezielte Analysen und Prognosen gibt es sicher tausendfach. Im Rahmen eines konzeptionellen Ansatzes gibt es aber zwei Maximen, die für alle Analysen in gleichem Umfang gültig sind und den Platz der Analyse im Marketingregelkreis bestimmen:

1. Sie werden ausgelöst nicht von irgendeiner „zufälligen“ Anforderung aus aktuellem Anlaß, sondern von der eindeutigen Überschrift = Zweckbestimmung der Marketingkonzeption.
2. Im Sinne des Regelkreises sind Informationen und Analysen Vorläufer zur realistischen Bestimmung der Führungsgrößen, sollen also immer dazu dienen, Ziele richtig festzusetzen.

Das ist die eindeutig gestellte Aufgabe. Man kann also festhalten, daß alle Stufen *vor* der Zielsetzung eindeutig auf diese zulaufen, während alle Stufen *danach* von eben dieser Zielsetzung = Führungsgröße bestimmt werden.

3.6 Die Zielsetzung als Sollgröße

Strategien sind kein Selbstzweck: Sie dienen dazu, bestimmte Ziele zu erreichen. „Wenn Du nicht weißt, wohin Du willst, ist jeder Weg, den Du wählst, der richtige.“ Das steht schon im Koran. Präziser und anspruchsvoller definierte es der große Stratege *Clausewitz*. Viele rechnen ihn deshalb sogar zu den Philosophen, weil er als erster die Systematisierung der Mittel-Zweck-Bindung in unser Denken eingeführt hat. Das heißt wiederum nicht mehr und nicht weniger, als im ersten Satz beschrieben: Der Zweck bestimmt den Einsatz der Mittel – und das auf zwei Ebenen:

1. Die unternehmenspolitischen Oberziele bestimmen die grundsätzliche Ausrichtung der einzelnen Marketingkonzeptionen im Unternehmen.
2. Die Marktziele in der Konzeption bestimmen die Auswahl der Instrumente und ihre Intensität im Einsatz.

Dazu als *Beispiele:*

1. Wenn das Unternehmen sich in einer Expansionsphase befindet und demzufolge ehrgeizige Wachstumsziele formuliert und in den ersten Rang der Zielhierarchie erhebt, dann wird die Marketingkonzeption für Produkte und Teilmärkte eine eher erobernde sein müssen, mit der man Marktanteilsziele realisieren kann.
2. Wenn das Unternehmen sich in einer Konsolidierungsphase befindet und demzufolge die Gewinnziele im ersten Rang der Zielhierarchie zu finden sind, werden die Marketingkonzeptionen für Produkte und Teilmärkte eher erhaltende sein müssen, mit denen man Kundenbindungen festigt und Deckungsbeiträge erhöhen kann.

1.1 Wenn die Marktziele – in Anlehnung an das Beispiel 1 – in erster Linie von Umsatzzuwachsraten, Marktanteilserhöhungen und Distributionsverdichtungen sprechen, dann werden die erobernden Elemente der Marktstrategie wie z. B. Sortimentspolitik, Werbung, Verkaufsförderung und die Verstärkung der Verkaufsanstrengungen in der Außendienstorganisation im Vordergrund stehen.

2.1 Wenn dagegen die Marktziele – in Anlehnung an das Beispiel 2 – in erster Linie aus Deckungsbeitragsvorgaben und Kostenzielen bestehen, werden die unterstützenden und erhaltenden Elemente der Marktstrategie wie z. B. die Konditionenpolitik und die Verkaufsförderung, aber vor allem der Service und die beratenden Funktionen der Verkaufsorganisation Priorität haben.

Wir müssen uns also mit den Zielen als bestimmende Faktoren auseinandersetzen. Damit sind wir wieder beim Regelkreis: So wie – zum Beispiel – in einem Heizsystem die gewünschte Temperatur im Wohnzimmer die Dauer und Intensität der Heizung bestimmt und damit den Verbrauch an Energie, so bestimmen die Ziele als Führungsgröße die Intensität des Einsatzes der absatzpolitischen Instrumente auf der Regelstrecke und den Aufwand an Mitteln (Mitarbeiter, Geld, Zeit, Organisation) bei der Stelleinrichtung, der Realisierung im Felde.

Darauf kommt es mir ein weiteres Mal an: zu zeigen, daß schon im Marketingregelkreis keine isolierte Betrachtung einzelner Instrumente mehr stattfinden kann.

3.7 Die unternehmenspolitischen Oberziele

Wir kennen sie aus der strategischen Planung des Unternehmens. Sie beinhalten nicht nur die unternehmerische Willensbildung, sondern auch die rechnerische Fixierung der finanzpolitischen Notwendigkeiten und als dritte Komponente die Chancen oder Limitierungen aus den Märkten, in denen das Unternehmen tätig ist oder tätig sein will. Und auf jeder Ebene – also auch und in erster Linie im Absatzbereich – müssen sich die verantwortlichen Führungskräfte fragen: Wie können wir zur Erfüllung dieser Oberziele beitragen? Aber auch umgekehrt wird ein Schuh daraus: Wenn keine unternehmenspolitischen Oberziele definiert und publiziert worden sind, bleiben Ziele und Pläne auf der operativen Ebene Stückwerk („Wenn Du nicht weißt, wohin Du willst ...")

Dabei gibt es vier Zielfelder, die als sogenannte „Mußziele" gelten: Gewinn, Soziales, Image und Wachstum. (Übersicht S. 80)

- In unserer Form der Wirtschaft und Gesellschaft stehen die *Gewinnziele* im Vordergrund. Ausnahmen sind denkbar bei gemeinnützigen oder karitativen Einrichtungen oder wenn ein Unternehmen temporär die Gewinnziele in den zweiten Rang versetzt zugunsten einer überdimensionalen Expansion auf bestimmten Gebieten. Gewinnziele werden selten in absoluten Beträgen genannt – obwohl das für die Fixierung des Deckungszieles aus Gewinn und Fixkosten sehr nützlich wäre –, sondern eher als Umsatz- oder Kapitalrendite; und für Profit-Center oder Teilbereiche eines Unternehmens auch in Deckungsbeiträgen (absolut oder als DBU = Deckungsbeitrags-Umsatz-Verhältnis).

Zielfelder	Angaben
1. Gewinnziele	– in absoluten Beträgen – als Umsatzrendite – als Kapitalrendite – in DB oder DBU – für das Gesamtunternehmen – oder für Profit-Center
2. Soziale Ziele	– Verbesserung des Betriebsklimas – Abbau der Fluktuation – Betriebsvereinbarungen – Anhebung der Qualifikation – Verbesserung der Altersstruktur – Verbesserung der freiwilligen sozialen Leistungen – Verbesserung der sozialen Einrichtungen
3. Imageziele	– Aufbau oder Verbesserung eines bestehenden positiven Images – Abbau von negativen Imagekomponenten
4. Wachstumsziele	– Wachstum im Gesamtmarkt oder in Teilmärkten des Unternehmens – Marktanteile – Steigerungsraten – absolute Beträge – absolute Mengen – Eindringen in neue Teilmärkte – Ausschöpfen bestimmter Vertriebswege

- Wenn es richtig ist, daß ein Unternehmen nicht nur ein ökonomisches, sondern auch ein soziales System ist, dann gehören auch die *sozialen Ziele* auf diese Ebene. Man sprach früher gern von „der Sicherung der Arbeitsplätze". Das hat sich in den letzten Jahren etwas verloren. Als typische soziale Ziele treten heute z. B. die Anhebung von Qualitäten, der Abbau von Fluktuationen oder die Verbesserung des Betriebsklimas in den Vordergrund.
- Auch die *Imageziele* sind Unternehmersache. Man kann es nicht den Mitarbeitern überlassen, zu beschließen, wie das Unternehmen sich selber sieht und von seiner Umwelt gesehen werden möchte. Der Aufbau eines positiven Images oder der Abbau von negativen Imagekomponenten kostet nicht nur Geld und Zeit, sondern bedeutet häufig auch eine Veränderung der Unternehmenskultur – mit allen damit verbundenen personellen Problemen.
- Bleibt als viertes Zielfeld das *Wachstum* des Unternehmens – temporär vielleicht einmal weniger wichtig und partiell vielleicht einmal erzwungen negativ, aber auf Dauer unverzichtbar in einer wirtschaftlichen und gesellschaftlichen Umwelt, die von Wachstumsraten geprägt ist und vom Wettbewerb des freien Marktes dominiert wird. So ist es durchaus Sache des Unternehmers (und nicht seines Verkaufsleiters), Ausmaß und Tempo des Wachstums zu bestimmen. Das kann den Gesamtmarkt betreffen oder Teilmärkte, kann sich in Marktanteilen oder relativen Marktanteilen ausdrücken – aber auf jeden Fall eindeutig genug, allen nachfolgenden Ebenen als Richtschnur zu dienen.

Weitere Zielfelder könnte man als „Kann-Ziele" der Vollständigkeit halber anfügen. Sie können temporär Oberzielcharakter bekommen und treten wieder zurück, wenn das Ziel erreicht ist:

zum Beispiel *Kapitalziele*—wenn es darum geht, die Eigenkapitalbasis zu stärken; zum Beispiel *Personalziele*—wenn es darum geht, neue, qualifizierte Kräfte zu gewinnen; zum Beispiel *Organisationsziele*—wenn es darum geht, Reorganisationen durchzuführen oder neue EDV-Systeme zu installieren. Für unsere Betrachtung des „Ganzheitlichen Marketing" ist nur eines wichtig:

- Welche unternehmenspolitischen Oberziele sind relevant für die in Arbeit befindliche Marketingkonzeption?
- Welche unternehmenspolitischen Oberziele müssen von gerade dieser Konzeption nachhaltig unterstützt werden?

3.8 Die Marktziele in der Konzeption

So beschrieb *Disch* die Aufgaben des Marketing in einem Unternehmen:

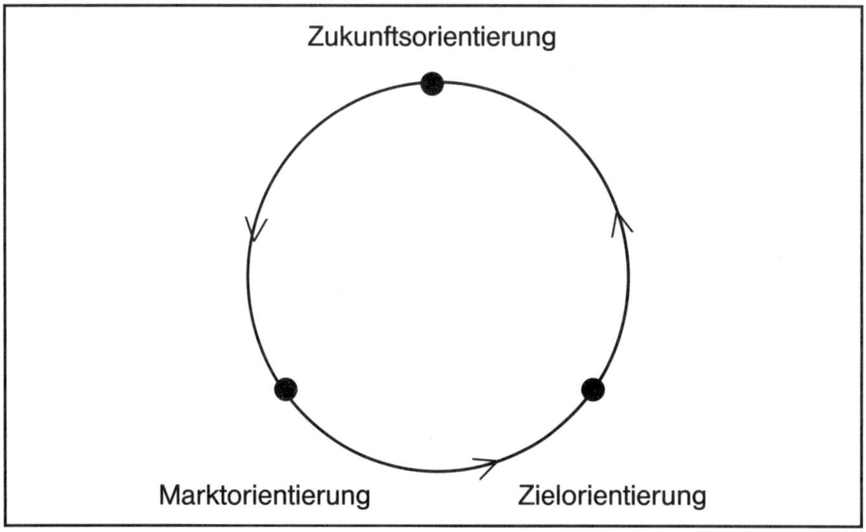

Abb. 8: Aufgaben des Marketing

– ein unauflöslicher Zusammenhang. Denn wo wird die Marktorientierung eines Unternehmens sichtbar? Da, wo man aufgrund von sorgfältig ermittelten Informationen und Analysen sagen kann:

Wenn ←——→ dann

- Wenn das so ist – dann sollten wir ...
- Wenn das so ist – dann könnten wir ...
- Wenn das so ist – dann müßten wir ...

Ziele setzen bedeutet aber – und das ist systemimmanent – einen Vorgriff auf die Zukunft, denn Ziele gelten nie für heute, für jetzt, sondern immer für einen Zeitpunkt, der – kürzer oder länger – jedenfalls in der Zukunft liegt!

Diese Zukunft kann sich für ein Unternehmen immer nur in realistischen Märkten abspielen: in Märkten, in denen man heute tätig ist und auch weiterhin tätig sein möchte oder in Märkten, die man in eben dieser Zukunft erschließen will. So schließt sich der Kreis zur Marktorientierung, und es wird deutlich, weshalb die Marktziele – als Führungsgröße im Regelkreis – in einer Konzeption diesen wichtigen Rang einnehmen. (Übersicht S. 83)

Dabei kann es sich um reine *Absatzziele* handeln, mit denen Mengen festgelegt und damit planbar gemacht werden. Man wird sie hauptsächlich in Marketingkonzeptionen finden, die an Produktionsziele, Losgrößen, Importquoten und anderen Mengenvorgaben der Unternehmensleitung anschließen.

Anders die *Erlösziele.* Der Umsatz eines Unternehmens ist nun

Zielfelder	Beispiele für mögl. Ausformungen
1. Verkaufsziele	
1.1 Absatzziele	- Menge je Produkt, Zeiteinheit, Absatzweg, Kundengruppe, ausgedrückt in Stck., kg, m usw.
1.2 Erlösziele	- Umsätze je Kundengruppe, Zeiteinheit, Absatzweg, Produkt, ausgedrückt in DM
1.3 Deckungsbeitragsziele	- bezogen auf Produkte, Kunden, Absatzwege, ausgedrückt in absoluten Werten oder in % vom Erlös.
1.4 Vertriebsziele	- numerische oder gewichtete Distribution für Gesamtmarkt oder Teilmärkte oder Absatzwege
1.5 Marktanteilsziele	- für Produkte insgesamt, bezogen auf den Gesamtmarkt, oder je Kundengruppe, Absatzweg, Teilmarkt
2. andere Marktziele:	
2.1 Werbeziele	- gestützter oder ungestützter Bekanntheitsgrad, Veränderung von Firmen- oder Produktimages, Anzahl Anfragen, Bestellung etc.
2.2 Angebotsziele	- neue Produkte oder Problemlösungen je Zeiteinheit, in Umsatzanteilen oder Marktanteilen
2.3 Entwicklungsziele	- Verbesserung von Produkten und Dienstleistungen, meist als Zeitziele

mal die einfachste Meßgröße, und so sind die Erlösziele in jeder Marketingkonzeption zu finden. Die Forderung heißt aber: in genügender Detaillierung, um Marktstrategien und Marketingaktionspläne auf exakte Teilziele abstellen zu können.

Deckungsbeitragsziele und *Vertriebsziele* geben dabei die Randbedingungen an, unter denen die Umsatzziele erreicht werden sollen, ebenso wie die *Marktanteilsziele,* die vor allem bei stark beweglichen oder gar rückläufigen Marktvolumina eine wichtige Limitierung darstellen können. Zur Definition der Marktposition eines Unternehmens sind sie in der strategischen Unternehmensplanung zu hoher Bedeutung gelangt und bestimmen deshalb häufig auch in der Marketingkonzeption als Sollgröße das ganze Geschehen danach.

Es gibt noch weitere Marktziele, die nun nicht mehr direkt im Verkauf liegen, sondern begleitende Elemente bestimmen. Das sind zum Beispiel *Werbeziele,* die in der Zielhierarchie einer Konzeption die Umsatz- oder Marktanteilsziele stützen müssen; *Angebotsziele,* die sich auf neue Produkte oder Problemlösungen beziehen und *Entwicklungsziele,* die den Abstand zum Wettbewerb – je nach Produktpositionierung – vergrößern oder verkleinern sollen.

Während man bei den unternehmenspolitischen Oberzielen durchaus mit verbalen Aussagen zufrieden sein kann oder mit allgemein gehaltenen Bestimmungen, ist dies bei den Marktzielen nicht mehr erlaubt, und zwar aus zwei Gründen:

1. Ziele, die konkret mit Mengen- und Zeitangaben versehen sind, avancieren zu Führungsinstrumenten, denn damit bestimmen sie den Grad der Anstrengung, um sie zu erreichen. Ein hohes Ziel in einer kurzen Zeit verlangt einen intensiveren Einsatz als ein niedrigeres Ziel in einer langen Zeit.

2. Nur wenn Ziele als Sollgröße exakt definiert sind, lassen sich alle anderen Elemente auf der Regelstrecke ebenfalls exakt bestimmen. Einen bundesweit ungestützten Bekanntheitsgrad von 50% in einem Jahr aufzubauen verlangt sicher einen weit höheren Werbeetat als ein Bekanntheitsgrad von 50% nur in einem Bundesland, für den wir zwei Jahre Zeit haben.

3.9 Die Voraussetzungen müssen vorhanden sein!

So hieß die Feststellung: „Planung ist eine Harmonisierung von Wünschen und Möglichkeiten."Wenn man „Wünsche"gleichsetzt mit den sachlich formulierten Zielen, dann wären die „Möglichkeiten", um die Ziele tatsächlich auch zu erreichen, die im Regelkreis genannten Voraussetzungen im Unternehmen. Hier ist zum ersten Mal die Chance da, das System zu beeinflussen! Wie sehen denn die Voraussetzungen aus, mit denen wir die Ziele ansteuern wollen? Welche Voraussetzungen sind vorhanden, welche müssen erst noch geschaffen werden? Und welche können wir gar nicht realisieren? – was automatisch zur Korrektur der Ziele führen müßte! [4)]

Dabei gilt die feste Regel, daß man zuerst die möglichen Ziele formulieren soll, um dann nach den nötigen Voraussetzungen zu fragen. Das hat einen einfachen Grund: Die Formulierung von Zielen, die aufgrund von sorgfältigen Analysen aus Markt, Umwelt und Unternehmen als machbar erscheinen, führt zu einer durchaus wünschenswerten Leistungsanspannung im Unternehmen. Wenn man dagegen umgekehrt vorgehen würde und zunächst danach fragt, welche Voraussetzungen wir wohl einbringen können (z. B. in Form von Produktionskapazität oder Anzahl der

Außendienstmitarbeiter), dann formuliert man u. U. zu wenig ehrgeizige Ziele und verschenkt Chancen, die der Markt eigentlich bietet.

Natürlich hat auch diese Medaille eine zweite Seite: Wenn es nicht gelingt, die Voraussetzungen dann auch zu schaffen, müßte man den Mut haben, die vorweg formulierten Ziele wieder zu korrigieren.

Die Frage nach den erforderlichen Voraussetzungen wird sich mehrheitlich konzentrieren auf drei Bereiche:

1. Personelle Voraussetzungen
2. Organisatorische Voraussetzungen
3. Finanzielle Voraussetzungen

Die *personellen Voraussetzungen* lassen sich wiederum teilen in quantitative und qualitative Anforderungen. Neben der Frage nach der nötigen Anzahl von Mitarbeitern, z. B. im Verkauf, aber auch in anderen Abteilungen des Unternehmens, steht also auch die Frage nach dem Ausbildungsstand, der Motivation, der Identifikation der Mitarbeiter. Eine ehrgeizige Marketingkonzeption zur Einführung eines neuen Produktes ist sicher zum Scheitern verurteilt, wenn die Mitarbeiter diese neue Herausforderung nicht aufgreifen und in die innere Emigration gehen – ein schönes Beispiel für „Ganzheitliches Marketing" bis in die Personalpolitik hinein.

Bei den *organisatorischen Voraussetzungen* geht es um die optimale Gestaltung von Abläufen, die zum Order-getting und Order-filling notwendig sind, aber auch um Informationssysteme und die notwendige Ausstattung dazu.

Bleiben die *finanziellen Voraussetzungen*. Sie werden bei der Budgeterstellung ausdiskutiert und festgelegt, wobei gerade hier ein besonderes Augenmerk darauf zu richten ist, daß sie zieladäquat sind und daß nicht ungenügende Etats zu hohen Zielen gegenüberstehen. Jeder wird den Hinweis verstehen, daß man – um bei meinem Heizungsbeispiel zu bleiben – in einem Zwölf-Zimmer-Haus nicht eine gleichmäßige Zimmertemperatur erreichen kann mit einer zu klein dimensionierten Anlage. So auch hier: Die Voraussetzungen müssen stimmen, sonst ist der Keim des Mißerfolges bereits bei der Planung gelegt.

Andere Fragen nach notwendigen Voraussetzungen sind zu finden im Kapitel über den funktionsorientierten Ansatz im Marketing. Hier sind es die eher „weichen" Elemente, die sich nicht abzählen lassen wie Geld und Mitarbeiter, und die Stärken- und Schwächenanalyse im Informationssystem zeigt dann die Ansatzpunkte auf für notwendige Verbesserungen. Es darf daran erinnert werden, daß alle drei Informationsströme – also aus Markt, Umwelt und Unternehmen – dazu dienen sollen, die Führungsgrößen im Regelkreis richtig zu bestimmen.

3.10 Die optimale Marktstrategie kreativ entwickeln

Auch mit diesem Abschnitt könnte man einfach zurückgehen, und zwar auf das Kapitel über den instrumentenorientierten Ansatz des Marketing. Dort war schon von der Geburt der „Marktstrategie" die Rede und vom „Marketing-Mix" als dem ersten Versuch, ganzheitlich zu denken und den Einsatz als solchen, aber auch die Intensität im Einsatz der Instrumente untereinander abzustimmen. Im Marketingregelkreis müssen wir nun noch einen Schritt weitergehen und nicht nur die Abstimmung untereinander vornehmen, sondern das Ganze einpassen in die Denkfolge: Ziele-Voraussetzungen-Strategien. Da kommen dann die Alternativen ins Spiel: Welche Strategie ist die beste zur Erreichung der Ziele? Wie muß dieses Stück der Regelstrecke gestaltet sein, um die Sollgröße zu erreichen?

Die optimale Marktstrategie für ein Produkt und/oder einen Teilmarkt zu entwickeln, ist eine hochqualifizierte, kreative Aufgabe.[1)]

Hier muß man deshalb auch den Mut zur Anwendung einer echten Kreativtechnik haben. Es handelt sich um die *Morphologie* mit ihrem *morphologischen Kasten.*

Das heißt: Aus der Summe der Teillösungen ist die optimale Gesamtlösung herauszuarbeiten. Die beiden Matrizen zeigen den Weg, der aus 10 Schritten besteht:

1. Das ist die Aufzählung derjenigen Elemente der Marktstrategie, die das planende Unternehmen einsetzt.
2. Für jedes Strategieelement werden denkbare Alternativen diskutiert. Mit Hilfe der kreativen Beiträge einer Gruppe entsteht auf diese Weise die „Matrix der Handlungsalternativen“. Das ist der eigentliche *morphologische Kasten!*
3. Aus dieser Summe der Teillösungen werden jetzt denkbare Gesamtlösungen kombiniert. Dazu gehören Mut und Phantasie. Man kann bei einem beliebigen Element beginnen, das für eine bestimmte Vorgehensweise im Markt besonders signifikant ist und sich dann weiter vorarbeiten.
4. Auf diese Weise entstehen vielleicht vier oder sechs oder acht denkbare Alternativen – wobei man schon in der Diskussion vier Fragen beantworten muß:
   - Können wir diese Alternative organisatorisch bewältigen?
   - Können wir diese Alternative bezahlen?
   - Dauert es nicht zu lange, diese Alternative zu realisieren?

1. Schritt	2. Schritt/1	2. Schritt/2	2. Schritt/3	2. Schritt/4
Elemente	Alternative 1	Alternative 2	Alternative 3	Alternative 4
1. Produktpolitik	hochwertiges Qualitätssegment	Standard-Segment	mehr Modifikationen	mehr Variationen
2. Sortimentspolitik	breites Sortiment	tiefes Sortiment	breites und tiefes Sortiment	nur Randsortiment
3. Lagerpolitik	ein Zentrallager	mehrere Außenlager	gar kein Lager	
4. Lieferpolitik	hohe Lieferbereitschaft	Lieferbereitschaft nur in Teilen	nur auf Bestellung liefern	
5. Kundenpolitik Marktsegmente Zielgruppen	nur ein Marktsegment	mehrere Marktsegmente	ein Marktsegment forcieren, andere defensiv	mehrere Marktsegmente forcieren
6. Vertriebswege Distribution	direkter Vertrieb	indirekter Vertrieb über GH und EH	indirekter Vertrieb nur über EH	Franchise-System

7. Preispolitik	Hochpreispolitik	Niedrigpreis-politik, temporär	Niedrigpreis-politik, konstant	Abschöpfungs-politik
8. Konditionen-politik	Funktionsrabatte	Mengenrabatte	Boni	vertikale Bindungen
9. Verkaufs-Organisation	festangestellte Reisende	freie Handels-vertreter	Telefonverkauf	
10. Servicepolitik	Service vor dem Kauf	Service nach dem Kauf	mit dem Produkt verbunden	nicht mit dem Produkt verbunden
11. Werbe-konzeption	breite Streu-werbung	gezielte infor-matorische Werbung	nur regional	national
12. Verk. Förde-rungskonzept	handelsorientierte Verk. Förd.	verbraucherorien-tierte Verk. Förd.	verkaufsorientierte Verk. Förd.	Verk. Förd. nur am POS

3. Schritt Beispiel 2

3. Schritt Beispiel 1

Matrix 1: Strategie-Entwicklung mit der Matrix der Handlungsalternativen

6. Schritt | 5. Schritt | 7. Schritt | 5. Schritt | 7. Schritt | 5. Schritt | 7. Schritt

Ziele	Gew.	Alternative 1		Alternative 2		Alternative 3	
		Bew.	xGew.	Bew.	xGew.	Bew.	xGew.
1. Absatzziele	8	8	64	5	40	7	56
2. Umsatzziele	7	8	56	6	42	6	42
3. Marktanteilsziele	10	8	80	6	60	6	60
4. Distributionsziele	10	8	80	6	60	7	70
5. DB-Ziele	5	5	25	10	50	7	35
6. Kostenziele	5	5	25	9	45	7	35
			330		297		298

8. Schritt | 8. Schritt | 8. Schritt

Matrix 2: Die Bewertung von Strategiealternativen

- Welche Widerstände in der eigenen Organisation und im Markt sind zu erwarten?

5. Dann kommt die Meßlatte der Marktziele ins Spiel: Wie gut werden die einzelnen Alternativen wohl die Marktziele erfüllen? Eine einfache Bewertungsskala bringt die Mitglieder einer Kreativgruppe dazu, ihre Meinungen zu quantifizieren.
6. Welche Ziele haben im Unternehmen Vorrang? Die expansiven Marktziele oder die Gewinnziele? Auch die Gewichtungen können mit einer einfachen Skala noch einbezogen werden.
7. Dann werden Bewertungen und Gewichtungen miteinander multipliziert und in die entsprechenden Spalten eingetragen.
8. Nach der Addition kann man manchmal schon sofort feststellen: Das ist die optimale Strategie, sie wird unsere Marktziele am besten erfüllen. Wenn zwei Additionen dicht beieinander liegen, kann man noch versuchen, die beiden Alternativen miteinander zu kombinieren.
9. Die auf diese Weise gefundene optimale Strategie wird ausführlich und für alle verständlich beschrieben.
10. Letzter Schritt: die Prüfung, ob diese Marktstrategie mit anderen Strategien für andere Produkte oder Märkte harmonisiert, ob vielleicht sogar Synergieeffekte zu erwarten sind oder ob wir einen möglichen Zielkonflikt schon jetzt entdecken und bereinigen können.

Strategieentwicklung ist eine Entscheidung unter Unsicherheit und unter Risiko, denn die Zahl der denkbaren Alternativen ist sehr hoch. Es gibt keinen Lösungsalgorithmus, und die Wirkungen lassen sich nicht exakt berechnen. Eine einzige Sicherung haben wir eingebaut: die Messung an den mit Sorgfalt und Verantwortung formulierten Marktzielen, die ihrerseits wiederum erst aufgrund von Informationen aus dem Markt, aus der Umwelt und aus dem Unternehmen selbst so und nicht anders formuliert wurden. Die vielfältigen Möglichkeiten innerhalb der einzelnen Strategieelemente bieten die besonders verführerische Chance, mit spektakulären Einzelaktionen vermeintliche Erfolge zu erzielen. Der Einbau dieser Überlegungen in den Regelkreis verhindert dieses isolierte Denken. Die Marktziele, mit Mengen und Zeiten quantifiziert, wirken als Meßgröße für die Wirksamkeit einer Strategie, die aus der Kombination und Koordination vieler einzelner Elemente besteht. „Ganzheitliches Marketing" ist also auch hier zu erkennen.

3.11 Jetzt geht es an die Realisierung

Wie können Ziele und Strategien in die Tat umgesetzt werden? Wie kommen wir aus der strategischen in die operative Ebene? Wie sagen wir den Menschen, die mit der Durchführungsverantwortung betraut sind, was sie zu tun haben, um die Ziele zu erfüllen und sich strategiegerecht zu verhalten? Wie können wir sicher sein, daß auch auf dieser Ebene die logische Folge des „ganzheitlichen Marketing" nicht verlassen wird? Dafür einige Beispiele:

Verkaufsplanung/Verkaufsbudget

aufgeteilt nach:	als Folge von:
• Produkten • Kunden • Vertriebswegen • Verkaufsgebieten • Zeiten	• Verkaufszielen • Gewinnzielen • Marktanteilszielen • Distributionszielen • Produktpolitik • Sortimentspolitik • Kundenpolitik • Vertriebswegepolitik

Werbeplan/Werbebudget

aufgeteilt nach:	als Folge von:
• Werbemitteln • Werbeträgern • Werbekosten • Zeiten	• Werbekonzeption • Verkaufszielen • Imagezielen • Werbezielen

Verkaufsförderungsplan/-budget

aufgeteilt nach:	als Folge von:
• Verkaufsförderungsmitteln • Verkaufsförderungskosten • Verkaufsförderungsorten • Einsatzzeiten	• Verkaufszielen • Marktanteilszielen • Distributionszielen • Verkaufsförderungskonzeption

Verkaufskosten-/Vertriebskostenbudget

aufgeteilt nach:	als Folge von:
• Vertriebswegen • Zeiten • Verkaufsgebieten	• Distributionszielen • Verkaufszielen • Liefer- und Lagerpolitik • Kundenpolitik • Vertriebswegepolitik

Aktionspläne

- Marktbearbeitungspläne
- Tourenpläne
- Schulungspläne

Marktforschungsbudget

aufgeteilt nach:	als Folge von:
• Zielgruppen • Vertriebswegen • Produktgruppen • Märkten • Aufgaben • Zeiten • Regionen	• Produktpolitik • Sortimentspolitik • Kundenpolitik • Vertriebswegepolitik

- Steuerungs- und Kontrollsysteme für den Außendienst
- Informationssysteme für den Außendienst

Der große Stratege *Moltke* sagte einmal: „Der Wert einer Strategie liegt mehrheitlich in ihrer Anwendung." Das hört sich so einfach an und so selbstverständlich und ist doch so schwer zu erfüllen. Der Marketingregelkreis bietet die Chance, dies mit Sinn und Hintergrund zu planen und zu erfüllen, denn an dieser Stelle wird die Stelleinrichtung wirksam und der direkte Eingriff auf der Regelstrecke, um das ganze System im Sinne der Führungsgröße zu beeinflussen.

3.12 Kontrolle und Kurskorrektur

Letzte Station eines Regelkreises ist die Meßeinrichtung – letzte Station unseres Marketingregelkreises ist die Kontrolle. Kontrolle hier verstanden als „Controlling" im Sinne von Regeln–Steuern–Eingreifen.

Dazu müssen Informationen aus der operativen Ebene aufgenommen und verarbeitet werden. Das dürften in erster Linie sein:

- Soll-Ist-Vergleiche über:
  - Absatz
  - Umsatz
  - Deckungsbeiträge
  - Distribution
  - Marktanteile
- Soll-Ist-Vergleiche über:
  - Werbe-Budget
  - Verkaufsförderungs-Budget
  - Verkaufskosten-Budget
  - Vertriebskosten-Budget

Diese Informationen sollen aussagen, ob wir uns in Richtung der geplanten Ziele bewegen und ob wir sie erreichen werden – oder auch nicht. Bei Abweichungen vom Soll wäre dann die Stelleinrichtung anzusprechen, zum Beispiel mit der Erhöhung der Anstrengungen im Verkauf, mit der Erhöhung des Werbeetats oder mit der Intensivierung der Verkaufsförderung.

Eine andere Art von Informationen sind diejenigen, die aus der strategischen Ebene kommen und ggf. zu Zielkorrekturen führen müssen. Das sind Informationen aus dem Markt und aus der Umwelt des Unternehmens und ggf. Informationen aus dem Unternehmen selbst. Zielkorrekturen wiederum können dazu führen, daß neue Voraussetzungen geschaffen werden müssen oder eine andere Strategiealternative als die neue, optimale ausgewählt wird. Damit sind wir oben wieder in den Marketingregelkreis eingestiegen! So schließt sich der Kreis und wird zum Managementsystem, mit dessen Hilfe man eine absatzwirtschaftliche Aufgabe nicht nur planen und durchführen, sondern auch korrigieren und anpassen kann. [1)]

Zusammenfassung:
Die Arbeit mit dem Marketingregelkreis ist eine Abfolge von logisch aufeinanderfolgenden Schritten, bei denen sich immer wieder einer aus dem anderen ergibt. Keiner kann ausgelassen werden, keiner kann verändert werden, ohne Folgen für alle anderen Schritte zu verursachen.

Arbeitsbogen Nr. 6:

1. Beantworten Sie zunächst – in Stichworten – diese zwei Fragen:
   - Welche Anforderungen ergeben sich für unser Unternehmen aus dem konzeptionellen Ansatz des Marketing?
   - Welche dieser Anforderungen sind erfüllt – welche nicht?
2. Skizzieren Sie dann – in Stichworten –, welche Einzelaufgaben angegriffen und/oder erfüllt werden müssen, um die noch offenen Anforderungen zu erfüllen.

Anforderungen / Aufgaben / Bereiche	Anforderungen erfüllt	Anforderungen nicht erfüllt	Aufgaben
1. Informationen			
2. Analyse			
3. Ziele			
4. Voraussetzungen Alternative			
5. Strategien			
6. Optimale Strategie			
7. Realisierung			
8. Kontrolle			

4. Die zweite Revolution: Die Menschen verändern sich – Wertewandel und verstärkte Humanorientierung

Revolutionen beschließt man nicht von heute auf morgen. Sie geschehen – und vielfältige Signale deuten auf die sich anbahnende Veränderung hin. So auch bei der hier zu beschreibenden Entwicklung in Richtung einer verstärkten Humanorientierung – auch im Marketing. Einige dieser Signale möchte ich vorstellen, teils als Auslöser, teils auch schon als Folgen dieser Veränderung. Dabei sind die Beispiele sehr subjektiv gewählt, so wie sie zur eigenen Bewußtseinsbildung im Laufe der Zeit beigetragen haben.

1. Wenn es richtig ist, daß die Kunst ein Ausdruck des Zeitgeistes ist, dann haben uns moderne Künstler seit Jahrzehnten eine deutliche Veränderung eben dieses Zeitgeistes signalisiert: den Trend zur verstärkten *Individualisierung.* Kunstwerke waren in früheren Jahrhunderten für viele Menschen gedacht, waren allgemein verständlich. Auch Analphabeten konnten die Heilsgeschichte anhand von Bildern in der Kirche nachvollziehen. Herrscherportraits sagten jedem im Lande: Das ist er! Auch der Aufbruch in die freie Natur und das Malen von Landschaften oder Stilleben brachten hier noch keine Änderung. Erst als die Kunst den Schritt in das Abstrakte wagte, war der Bruch mit der Vergangenheit vollzogen. Jetzt war die Kunst nicht mehr „für alle“ da, sondern nur noch für diejenigen, die sich speziell mit gerade diesem Bild, mit gerade dieser Plastik auseinandersetzten, die Gefühl und Ausdruck des Künstlers nachempfinden konnten: Das spricht *mich* an! Und das ist eine ganz und gar persönliche Entscheidung. Kunst war individuell geworden!

Dies ist fraglos einer der großen Trends in unserer Zeit, der sich auch noch an ganz anderen, sehr viel alltäglicheren Erscheinungen ablesen läßt – an der Mode zum Beispiel. Früher war es doch so – und das wurde geradezu sprichwörtlich: Wenn etwas „Mode" wurde, dann trugen es alle. Heute ist „Mode" eigentlich in erster Linie die Chance, daß jeder tragen kann, was er will, was *ihm* gefällt. Schon mit der Bekleidung, erst recht mit dem dahinter abzulesenden Lebensstil, möchte man doch ausdrücken: Das ist mein ganz persönlicher Geschmack, damit will ich Nonkonformismus beweisen, damit will ich individuell sein.

Auf einem Großparkplatz kann man dasselbe bei den Autos beobachten. Welch ein weiter Weg von der „Tin Lizzy" des *Henry Ford* (der bestimmte: Sie können jede Farbe haben, nur schwarz muß sie sein) bis zu diesem bunten Bild der heutigen Zeit. Nicht nur die verschiedenen Marken und PS-Stärken, auch die unterschiedlichen Farben, Ausstattungen, Extras und Aufkleber sagen immer wieder: Das gefällt *mir!*

2. Der Wertewandel ist zum Schlagwort geworden. Je nach Auffassung der diskutierenden Menschen begrüßt die eine Hälfte den – für ihr Verständnis – überaus positiven Aufbruch in eine bessere Zukunft, die andere Hälfte bedauert den – für ihr Verständnis – beklagenswerten Verlust alter Verhaltensnormen.

Vier große Trends entdeckt *Nelson* als Ausdruck dieses Wandels:*)

- Genuß
- Polysensualität
- persönliche Entfaltung
- Verwischung der Geschlechter

*) *Nelson:* Der Konsument: Wohin geht er, was verlangt er? gdi-Impulse 4/88

Über den Genuß als Ausdruck starker Ich-Bezogenheit brauchen wir nicht mehr viel auszuführen. Er ist ein echter Ausfluß der verstärkten Individualität und führt – in der negativen Version – zum echten Egoismus.

Polysensualität ist die Offenheit für die vielfältigsten Einflüsse. Kein Widerspruch zur Individualität – im Gegenteil: Die Wahlmöglichkeit aus vielen Optionen zur Gestaltung des eigenen Lebensstils kommt hier dazu, der Beweis dafür, daß man durchaus in der Lage ist, aus einem vielfältigen Angebot an Möglichkeiten seine eigene, unverwechselbare Identität aufzubauen.

Hierher gehört auch die Forderung nach der Chance zur persönlichen Entfaltung, die vielen heutigen jungen Menschen weit wichtiger ist als Besitz und Karriere.

Zum Schluß: Die Verwischung der Geschlechter. Das betrifft nicht nur die berufstätigen Frauen und die „Hausmänner", nicht nur die steigende Anzahl Auto fahrender Frauen oder der Frauen in der Politik (wenn auch noch mit Quotenregelung). Das ist weit mehr sichtbar in der Mode sowohl der Männer als auch der Frauen. Dort läßt es sich tausendfach ablesen – und bei den Frisuren.

Mit anderen Vokabeln, aber durchaus mit der gleichen Grundtendenz beschreibt dies *Werner Wyss* [10)]. Er nennt als erkennbare neue Lebensformen:

- Hedonismus
- Extraversion
- Erotik

Hedonismus ist die altgriechische Lehre, daß Lust und Genuß das höchste Gut im Leben sind; Extraversion ist wieder zu übersetzen mit der Offenheit gegenüber allen äußeren Einflüssen, und die Freude an der Erotik – trotz aller Verwischung der Geschlechter – erleben wir alle nicht nur in den Zeitschriften und im Fernsehen, sondern auch im Alltag als wohltuende Ablösung veralteter Ansichten aus dem vorigen Jahrhundert.

Was heißt das für uns Marketer? Ich habe schon einmal versucht [5], die Folgen für alle, die mit Menschen umgehen und ihnen etwas verkaufen wollen, etwas konkreter zusammenzustellen (Übersicht S. 104 bis 107). Aus dieser Aufstellung lassen sich schon eher Maßnahmen und Methoden für unser Marketing ableiten.

3. Auch die *Motivationsfaktoren für Mitarbeiter* in den Betrieben stimmen nicht mehr! Die Maslow'sche Motivationspyramide (Abb. 9) beginnt auf der untersten Stufe mit den Grundbedürfnissen. Sie sind in unserer mitteleuropäischen Gesellschaft weitgehend gedeckt, wenn man nicht gerade zu dem Drittel von Rentnern, Arbeitslosen oder Sozialfällen gehört, für die das nicht zutrifft, oder wenn jemand seine Grundbedürfnisse neu definiert und auf einer höheren Ebene der Entwicklungsspirale angesiedelt hat. Auch die Sicherheit ist weitgehend gegeben. Wir sprechen von dem dicht geknüpften sozialen Netz, es gibt entsprechende Gesetze und Tarifverträge. Beim Bedürfnis nach Kontakt und Zugehörigkeit geht es dann los. Aber dieses Bedürfnis wird von den jungen Leuten ganz woanders gedeckt, selten in einem Unternehmen. Sie suchen Gruppen mit gleichen Lebensstilen, sie suchen ihre eigenen Vergnügungsstätten und Lokale auf, sie haben sogar ihre eigene Sprache entwickelt. Ausnahmen in den Unternehmen sind eigentlich nur die kreativen Gruppen, z. B. in Marketing- oder Entwicklungsabteilungen, und es bleiben zur

Motivation nur die beiden obersten Stufen übrig! Das heißt: Einbezogen werden, mitgestalten dürfen, Einfluß nehmen dürfen, Verantwortung übernehmen, Dinge tun, die Spaß machen – und das vor dem Hintergrund des geschilderten verstärkten Individualismus!

Herausforderungen an den Umgang mit Menschen	
1. Keine langfristig geltenden Verhaltensnormen mehr	Bis zur Festigung eines neuen Paradigma werden sicherlich verschiedene Lebensformen ausprobiert und auch wieder verworfen werden. Der Wechsel wird die Konstante in unserem Leben sein.
2. Die Verschiebung traditioneller Wertsysteme	Das protestantische Arbeitsethos wird derzeit schon stark in Frage gestellt. Das Schlagwort vom „Leben, um zu arbeiten" wechselt zu „Arbeiten, um zu leben".
3. Neue Inhalte der Selbstverwirklichung	Nicht mehr Karriere oder Besitz sind die Inhalte, sondern Gestaltungsfreiheit, Mitsprache, Bildung, menschliche Akzeptanz.
4. Neue Informationsmöglichkeiten	Angefangen vom Fernsehen über Btx bis zu dem explosionsartigen Anwachsen des Angebots an Buchtiteln und Zeitschriften, bis zu Volkshochschulkursen und Bildungsreisen: Der neue Verbraucher verfügt über ein ungeheuer großes Informationsangebot.
5. Stärkeres Informationsbedürfnis	Das trifft auf – im Schnitt der Bevölkerung – gebildetere Bürger (die hohe Zahl der Abiturienten und Akademiker!), die kritischer prüfen und mehr wissen wollen über Produkte und Angebote, die sich mehr Gedanken machen über ihre Umwelt.

6. Stärkeres Beratungs-bewußtsein	Aus einem ständig wachsenden Angebot an Produkten und Dienstleistungen muß der kritische Verbraucher selektieren. Hier sucht er die redliche Hilfe!
7. Stärkeres Selbstbewußtsein	Die wachsenden Bemühungen der Anbieter um die Gunst der Verbraucher führen dazu, daß er sich seines Wertes mehr und mehr bewußt wird und das auch artikuliert! Wer meint es denn wirklich ernst mit dem „mündigen Bürger"?
8. Veränderte Erwartungs-haltung als Konsument	So ein Verbraucher möchte auch anders angesprochen werden: Er braucht z.B. Begründungen für geforderte Preise und nicht nur dumme Sprüche.
9. Neue, verbraucherorientierte Vertriebsformen werden präferiert	Wieviele der heutigen Vertriebsformen sind aus rein betriebswirtschaftlichen Überlegungen entstanden? Darin liegt die Differenz! Nicht nur mehr Komfort, sondern auch sinnvolle Bedarfsbündelungen werden gefragt sein, dazu der Einsatz elektronischer Medien – bis ins Wohnzimmer hinein.
10. Veränderte Käuferstrukturen	Aus der Alterspyramide ist längst eine Spindel geworden. Und wie verteilt sich die Kaufkraft? Ist es wirklich sinnvoll, immer nur auf „Jugend" zu setzen, nur weil Ikea damit so einen Bombenerfolg hat?
11. Verstärktes Anspruchs-denken	Ja, warum denn nicht? Wir verdienen ja doch alle ein Vielfaches von dem, was unsere Großväter heimbrachten und leben auch in einem unvergleichlich höheren Standard. Das wird sich noch steigern!

12. Neue Abrechnungs-möglichkeiten werden präferiert	Mit Kreditkarten und Eurocheck hat es angefangen. Die Memory-Card ist in Erprobung. Was Banken können, werden Versicherungen, Krankenkassen, große Handelsfirmen ebenfalls auf die Beine bringen.
13. Veränderte Lebensformen und -abläufe	Teilzeitarbeit, Job-sharing, Bildungsurlaub, Umschulungskurse, mehrere „Berufe" in einem Arbeitsleben – das sind nur einige Stichworte. Dazu: Singlehaushalte, Langzeiturlaube, Seniorenaktivitäten u. a. m.
14. Stärkere Polarisierung in der Bedürfnis-befriedigung	Es wird sicherlich den Drang nach mehr „Einkaufserlebnis" geben, aber auch den fast schon sportiven Spaß an billigem Einkauf von Gütern des täglichen Bedarfs, speziell bei den „gutbetuchten" Konsumenten.
15. Stärkere Polarisierung in der Ein-kommensver-wendung	Hier soll die riesengroße Differenz als Beispiel dienen zwischen den kinderlosen Doppelverdienern einerseits und einer jungen Familie mit mehreren Kindern und nur einem „Ernährer" andererseits.
16. Verändertes Rollen-verständnis	Wer trifft in den Zeiten des schwindenden Patriarchates die wichtigen Einkaufsentscheidungen? Wie leben in der Zukunft Ehepaare und wie arrangieren sie sich in bezug auf die fundamentalen Grundlagen des Zusammenlebens?
17. Neue Formen der Arbeits-organisation	Zunahme der Gleitzeitarbeit, Zunahme der Teilzeitarbeit, Zunahme der Heimarbeit mit PC (geschätzt: 20% der Angestellten) führen sicher zu veränderten Formen der Arbeitsorganisation

18. Mehr arbeitsfreie Zeit	Arbeitszeit – arbeitsfreie Zeit – Freizeit: Schon jetzt wird in diesen drei Kategorien gedacht. Weiterbildung und Umschulung, aber auch sinnvolle Beschäftigung (z. B. mit ökologischen oder sozialen Tätigkeiten) werden diskutiert.
19. Stärkere Individualisierung	Die „großen Zeiten" mit ihren Massenbewegungen sind – jedenfalls im Westen – Gott sei Dank vorbei. Der moderne, gebildete Mensch ist Individualist und will auch als Individium gewertet werden.
20. Suche nach höchstmöglicher Befriedigung der individuellen Ansprüche	Er wird diejenigen Produkte und Anbieter aussuchen, die seine ganz persönlichen Vorstellungen am besten befriedigen. Das haben wir alle sehr schnell gelernt!

Maslow geht von der Vorstellung aus, daß der Mensch eine Reihe von Bedürfnissen hat, die pyramidenartig aufeinander aufbauen. Sobald ein Bedürfnis erfüllt ist, stellt sich das nächsthöhere ein. Die neuere Forschung sagt sogar: Alle Bedürfnisse sind latent vorhanden und treten je nach Ausgangssituation einzeln verstärkt in den Vordergrund.

4. *F. Nerdinger*[*)] untersuchte die *Einstellung von Mitarbeitern im Verkaufsaußendienst.* Er fand heraus, daß nicht so sehr die Chance zum höheren Einkommen die Verkäufer motiviert (was wir mit Hilfe von Provisionen und Prämien immer unterstellen), sondern daß ganz andere Werte den „neuen" Verkäufer bewegen:

*) *F. Nerdinger:* „Deutschlands Verkäufer sind Beamte", in: Absatzwirtschaft Nr. 5/86

1. Berufliche Autonomie ist der wesentlichste Wert für Verkäufer.
2. Er ist mit reinen Wachstumszielen nicht mehr zu motivieren, er sucht nach Möglichkeiten der Persönlichkeitsentfaltung.
3. Er sucht verstärkt nach dem Sinn seiner Arbeit.

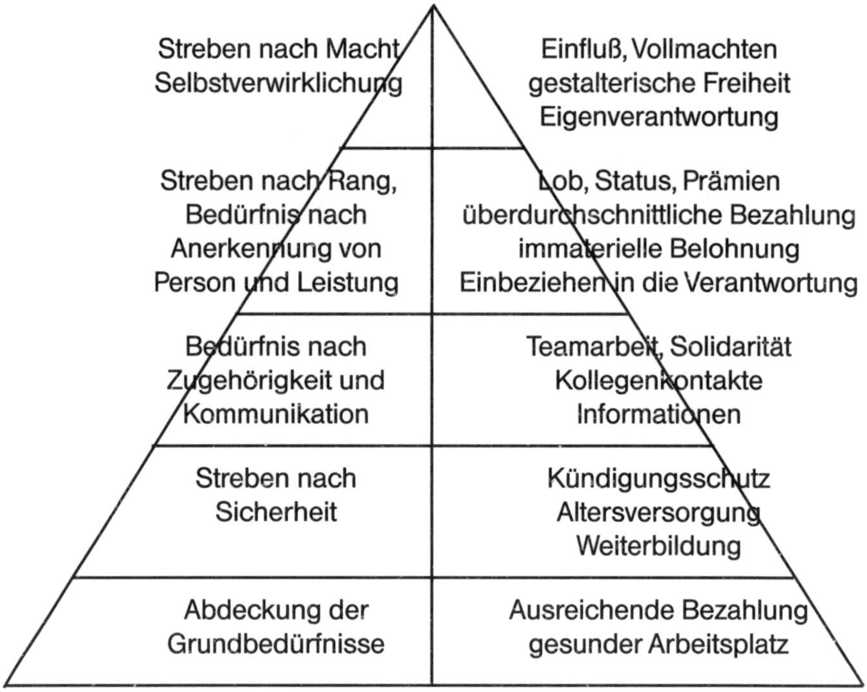

Abb. 9: Die Maslow'sche Motivationspyramide

Hans A. Pestalozzi fragte schon 1977 (!): Könnte es wirklich der Sinn Ihres Lebens gewesen sein, den Marktanteil des Waschmittels x gegenüber dem des Waschmittels y um 5% zu steigern? [6] Auch dies ist ein frühes Signal für die kommende Revolution im Bild des Menschen, hier speziell des Verkäufers.

5. Die vielleicht größte Revolution ist die *Veränderung des Frauenbildes in unserer Gesellschaft.* In einer gewandelten Welt, in der neuerdings andere Tugenden „in“ sind als früher, nämlich: Intuition, Kooperation, Emotion, sind sie plötzlich weit mehr gefragt! – nicht trotz, sondern gerade wegen eben dieser weiblichen Tugenden. [7)]

Zunächst war es wohl nur die Frage der erzwungenen oder freiwilligen Berufstätigkeit aufgrund der Einkommensverhältnisse. Dann – auf dem Nährboden der großen gesellschaftlichen Veränderungen – kamen ganz andere Begründungen ins Spiel: die Selbstverwirklichung, die Gleichstellung mit den Männern, das Ausbrechen aus der traditionellen Rolle in Küche, Kammer und Kinderzimmer. Eine neuere Meldung besagt, daß in den USA heute schon 40% aller Außendienstmitarbeiter Frauen sind!

6. Ein letztes Schlaglicht soll dem Thema *Leitbilder* gewidmet sein. Die Ablösung alter Ideale und Vorbilder mit Orientierungsfunktion durch neue, gelebte „Lebensstile“ ist die Kernaussage von *Carmen Lakaschus.* [*)] Auch hier spielen die individuellen Wertvorstellungen eine Rolle, aber auch das Zusammengehörigkeitsgefühl ganzer Gruppen mit gleichen oder ähnlichen Lebensstilen, die Kommunikation untereinander und die Akzeptanz in eben dieser Gruppe. Leistung ist da durchaus gefragt, aber bitte anders als früher – mit Freude an der Arbeit an sich, mit heute gelebten Erfolgen und nicht mit der „verschobenen Belohnung“, einem Paradigma der älteren Generation nach dem Motto: Spare Du nur schön, dann ... Ersatzweise: Lerne Du nur schön, dann ... Sei nur immer schön fleißig, dann ...

*) *Lakaschus:* Der Schwund der Leitbilder, in: Marketing-Journal Nr. 1/90

Ein chinesisches Sprichwort heißt: Der Fisch merkt das Wasser als letzter. Es besagt, daß wir uns alle so selbstverständlich in unserem Lebensraum bewegen, daß wir Veränderungen – vor allem, wenn sie langsam ablaufen – nur wenig oder gar nicht registrieren. Können wir uns heute noch ein Lebensmittelgeschäft ohne Selbstbedienung vorstellen? Nur mühsam – und nur für Ausnahmefälle. Können wir uns heute noch ein Leben ohne Auto vorstellen? Nein. Und doch hat das Auto mit allem, was dazugehört – Werkstätten, Tankstellen, Raststätten, Autobahnen, Leitplanken, Verkehrsschilder, Garagen, Parkhäuser, Versicherungen usw. usw. – für eine so gründliche Veränderung unseres Lebens und unserer Wirtschaft gesorgt wie kein anderes Produkt unserer Zeit. So wird es auch mit der Veränderung des Menschenbildes gehen: Wir werden „das Wasser als letzte spüren" und wir werden vielleicht am Ende dieser Periode Rückschau halten, von einer Epoche sprechen und von der „guten, alten Zeit" träumen, in der noch alles so einfach und übersichtlich war. Wir werden im Schrittempo eine Menge der Veränderungen überhaupt nicht wahrnehmen – und doch sind sie da, verlangen von den Marketern, daß sie ernst genommen werden und daß wir uns darauf einstellen.

Zusammenfassung:
Vielfältige Veränderungen prägen das Bild der neuen Gesellschaft. Das reicht von der sichtbaren Individualisierung über den Wertewandel und die Veränderung der Motivationsfaktoren bis zum Schwinden der Leitbilder und ihren Ersatz durch neue Lebensstile. Diese Veränderungen laufen vielfach unbemerkt ab und werden von den Menschen im Alltag häufig gar nicht registriert. Sie bedeuten aber eine große Herausforderung für alle, die diesen Menschen etwas verkaufen wollen.

5. Die Menschen einbeziehen: Corporate Identity und Life-Style-Orientierung

Der langsame, aber dafür umso gravierendere Wandel im Bild des Menschen und in seinem Umgang mit anderen Menschen hat Wirkungen in alle Lebensbereiche hinein – also auch in das Marketing. Wenn man alle vorausgegangenen Feststellungen und Behauptungen als richtig oder zumindest als einleuchtend akzeptiert, dann muß doch die Frage beantwortet werden: Wie erweitert sich die Auffassung von Marketing? Was hat man jetzt unter „Ganzheitlichem Marketing" zu verstehen, nachdem wir mit dem Marketingregelkreis diese Forderung eigentlich schon erfüllt glaubten? Die Antwort heißt: Wir müssen den Übergang schaffen von der reinen Sachorientierung zur verstärkten Humanorientierung. Wir müssen uns mehr als früher fragen: Wie denken und fühlen eigentlich diejenigen Menschen, die mit uns arbeiten? Welche Antworten erwarten sie auf ihre Frage: Was tun wir hier? Wir müssen weit mehr als früher die veränderten Wertvorstellungen der Menschen als Käufer, ihre Ziele und Antriebe, vor allem aber ihre veränderten Lebensstile, in die Planung von Marketingkonzeptionen einbeziehen. Es gibt Marketer, die behaupten: Erst jetzt kommen wir weg vom alten „Produkting" und hin zum echten „Marketing". Die Instrumente dafür sind:

1. Die Corporate Identity
2. Die Life-Style-Orientierung

Das bedeutet aber doch nichts anderes, als daß das Marketing zugunsten höherer Werte

- einerseits Grenzen zu beachten hat, die in der Akzeptanz der Mitarbeiter liegen für alle Strategien und Pläne, die sie realisieren sollen,

- andererseits die präsumtiven Kunden und Abnehmer nicht mehr nur als reine Quantitäten bewerten kann, sondern sich um deren Denken, Fühlen, Leben, Wünsche mehr Gedanken machen muß.

Das wiederum bedeutet, daß man auf bestimmte Ziele und Strategien – die sachlich durchaus überzeugend klingen können – ver-

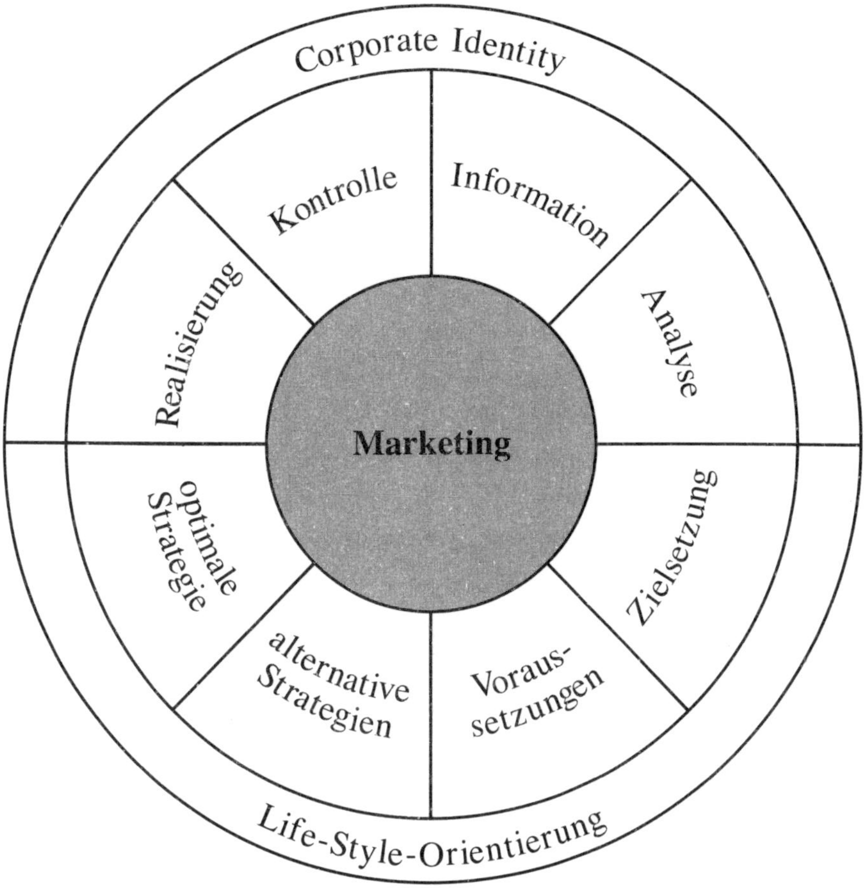

Abb. 10: Die Einbettung in die verstärkte Humanorientierung

zichten muß zugunsten von Zielen und Strategien, die sowohl von Mitarbeitern als auch von Kunden überzeugt angenommen und deshalb auch ohne äußeren Druck realisiert werden können.

Ich lade alle Marketer ein, diese letzten Sätze noch einmal zu lesen und sich über den ungeheuren Wandel klar zu werden, der sich mit diesen wenigen Sätzen andeutet. Das ist auch für uns eine wahre Revolution! Denn wir müssen Abschied nehmen von der eindimensionalen Zielorientierung, von der ausschließlich materiellen Ausrichtung des Marketing und uns zum ersten Mal bekennen zu einer eher ideellen Ausrichtung im Rahmen ganzheitlicher Denk- und Handlungsweisen.

Das wird sich – soviel sei schon vorausgesagt – noch mehr verstärken, wenn wir noch die großen gesellschaftlichen Trends in Beziehung bringen zu unserer Aufgabe: Marketing.

5.1 Corporate Identity – Werkzeug zur Bestimmung der Unternehmenskultur

Ich möchte diesen Abschnitt mit einigen einfachen Fragen beginnen:

- Wie gehen wir eigentlich miteinander um?
- Wie gehen wir eigentlich mit unseren älteren Kollegen um?
- Wie führen wir eigentlich – kooperativ oder autoritär?
- Wie gehen wir eigentlich mit unseren Kunden um?
- Wie gehen wir eigentlich mit unseren Lieferanten um?
- Welchen Nutzen stiften eigentlich unsere Produkte?
- Welchen Beitrag leisten wir eigentlich für die Gesellschaft?
- Worauf sind wir eigentlich stolz?
- Wo liegen Grenzen – was würden wir jedenfalls nicht mehr machen?

Für die letzte Frage nur zwei Beispiele, die den Fragedruck noch verstärken sollen:

- Würden Sie als Buchhalter einen offensichtlichen Steuerbetrug decken?
- Würden Sie als Führungskraft ein verbotenes Geschäft (z. B. Waffenlieferungen in Spannungsgebiete) mitmachen?

Alle diese Fragen führen mitten in das Zentrum dieses neuen Denkens hinein mit Begriffen wie Unternehmenskultur, Unternehmensphilosophie oder auch Corporate Identity. Diese Begriffe werden häufig abgetan als „große Worte“, oder auch „l'art pour l'art“ oder auch schlichtweg als überflüssig, weil man damit „schließlich nicht ein Stück mehr verkaufen kann“. Aber da wären schon erhebliche Zweifel anzumelden! Ich zitiere hier *Thomas Sattelberger,* Daimler Benz: „Wenn 300 000 Menschen in einem Unternehmen markt- und kundenorientiert nach außen auftreten und sich nach innen entsprechend verhalten, dann ist das wirksamer – vor allem langfristig wirksamer – als eine teure Anzeigenkampagne!“

Das innere Einverständnis mit dem, was da passiert – die völlige oder doch weitgehende Überdeckung zwischen dem, was dem Unternehmen wichtig ist und dem, was den Mitarbeitern wichtig ist –, das verleiht zeitgemäßen Marketingkonzeptionen eine ungeheure Schubkraft. Deshalb beschreiben wir die Entwicklung von Führungsinstrumenten in einem Unternehmen so:

1. Technical Skills	• schnell realisierbar • leicht imitierbar • selbstverständliche Voraussetzung	• kurzfristig wirksam: Technik überholt sich schnell
2. Conceptional Skills	• mittelfristig realisierbar • schwierig zu imitieren • führen zur Bündelung der Kräfte	• mittelfristig wirksam: Konzepte müssen immer wieder angepaßt werden
3. Human Skills	• langfristig realisierbar • nicht imitierbar • dienen der langfristigen Existenzsicherung	• langfristig wirksam: Kulturen halten Stand!

Die Tendenz von den „harten“ Werkzeugen zu den „weichen“ Werkzeugen ist unverkennbar!

Zu einer vollständigen Ausstattung eines Corporate-Identity-Programms gehören vier Instrumente:

1. Ein Soll-Image oder Leitbild, in manchen Unternehmen auch als Charta bezeichnet;
2. eine Unternehmensphilosophie als Antwort auf die Frage, wie sich das Unternehmen selber sieht und von seiner Umwelt gesehen werden möchte;

3. die eindeutig beschriebenen Unternehmensziele;
4. eine ebenso eindeutige Beschreibung derjenigen Nutzen, die das Unternehmen mit seinen Produkten und Leistungen den Kunden und damit der Gesellschaft bietet.

Aus der Geschichte, aus der eigenen militärischen Vergangenheit, aber auch aus der Zugehörigkeit zu Schützen- und Trachtenvereinen mit ihren wunderschönen Traditionsfahnen kennen Sie die gestickten Leitbilder und Selbstverpflichtungen: Pro Gloria et Patria – so hieß es zum Beispiel bei Friedrich dem Großen. Kürzer und treffender kann man es nicht sagen. Right or wrong: my Country – das war das Leitbild der Engländer. Und was haben Sie auf Ihre Fahnen geschrieben? Gibt es ein Leitbild, eine solche Selbstverpflichtung, die sich die Mitarbeiter zu eigen machen und der sie sich bemühen, nachzuleben? Es ist wirklich erstaunlich, daß wir alle Anforderungen an eine moderne Wirtschaft – und Absatzwirtschaft – eigentlich schon so lange kennen, aber sie erst jetzt für uns mit Beschlag belegen.

Einige Beispiele für solche Aussagen:

- Eine Damenstrumpffabrik: Wir wollen dem Konsumenten erstklassige Produkte anbieten – Produkte, die ihm Freude machen und ein positives Erlebnis vermitteln.
  (Strategische Erfolgsposition: das besondere Produkt)
- Eine Bank: Die Grundlage unseres Erfolges sind zufriedene Kunden, mit denen wir in langfristigen, von Achtung und Vertrauen getragenen und intensiv gepflegten Beziehungen stehen. Wir gehen fachkundig und verständig auf die Interessen der Kunden ein und bieten individuelle Lösungen sowie standardisierte Dienstleistungen an. Mit persönlicher Ansprache und mit modernsten technischen Einrichtungen entsprechen wir dem Wunsch unserer Kunden nach Nähe zu ihrer Bank.

Feste Bezugspersonen und die Mitwirkung von Spezialisten sichern dies ab.
(Strategische Erfolgsposition: die feste Kundenbindung)

- Eine Pharmafirma: Wir versprechen, allen Beteiligten ein fairer und nützlicher Partner zu sein.
(Strategische Erfolgsposition: der Aufbau von Partnerbeziehungen)
- Ein Stahlwerk: Wir wollen mit hoher Leistungsqualität der beste Lieferant unserer Kunden sein.
(Strategische Erfolgsposition: der weit über Produkt und Preis hinausgehende Service)
- Ein Schwerweber: Das Unternehmen sieht seine Aufgabe in der Deckung des Bedarfs an flexiblen, textilen Flächen zum Schutz vor Umwelteinflüssen und zur Steigerung der Lebensqualität der Menschen.
(Strategische Erfolgsposition: das besondere Anwendungsgebiet „schützen".)
- Eine medizinische Großhandlung: Zu unserem Kundenkreis gehören Spitäler, niedergelassene Ärzte, Absatzmittler, Patienten, Institutionen, Krankenkassen und Forschungs- und Industrielabors. Für alle diese Kundengruppen wollen wir ein fachlich kompetenter Berater und Problemlöser sein.
(Strategische Erfolgsposition: das spezielle Know-how)
- Ein Reifenhandelsunternehmen: Dabei soll sich unsere Firma besondere Anerkennung bei Verbrauchern, Industrie und Handel erwerben durch professionelle Vermarktung von Reifen und durch beispielhafte Leistungen in der Marktbearbeitung.
(Strategische Erfolgsposition: das Vertriebskonzept)

Erkennen Sie den Hintergrund? Worauf können *Ihre* Mitarbeiter stolz sein? Wie begreifen sie den Sinn *ihres* beruflichen Lebens? Immer wieder müssen Marketingkonzeptionen für Produkte und

Teilmärkte diesem hohen Anspruch gerecht werden – und damit dem Bedürfnis der Menschen nach Sinn und Inhalt ihres Tuns.

Die Unternehmensphilosophie geht noch einen Schritt weiter. Sie soll definieren, wie sich das Unternehmen selber sieht und von seiner Umwelt gesehen werden möchte.[8] Wer ist diese Umwelt, von der Ihr Unternehmen richtig – also nützlich (=Nutzen bringend) – gesehen werden soll? Das sind alle, mit denen das Unternehmen direkt oder indirekt zu tun hat und die diesen Nutzen erkennen sollen (Abb. 11).

Abb. 11: Unternehmensphilosophie/unternehmenspolitische Grundsätze

- Warum sollen Mitarbeiter bei uns arbeiten?
- Warum sollen Kunden bei uns kaufen?
- Warum sollen Lieferanten uns (möglichst bevorzugt) beliefern?
- Warum sollen Banken uns Kredite geben?
- Warum sollen Behörden uns Wege ebnen?
- Warum sollen Wissenschaft und Forschung uns mit neuen Gedanken versorgen?
- Warum sollen Gesellschafter uns Kapital zur Verfügung stellen?
- Warum sollen Staat und Gesellschaft uns die Rahmenbedingungen für eine erfolgreiche Unternehmensführung schaffen?

Ja – warum sollen sie? Haben Sie auf alle Fragen eine plausible Antwort? Leben Sie – das Unternehmen – und Ihre Mitarbeiter auf diese Weise in Einklang mit ihrer Umwelt? Dann werden auch die Marketingkonzeptionen diese Übereinstimmung ausstrahlen und – gerade deshalb – besonders wirksam sein.

An diese Stelle paßt wie an keine zweite eine Aussage zum Thema Marketing *) von Dipl.-Ing. *Peter Stüber,* Hernstein-International-Management-Institut, Wien: „In dem Maße, als Unternehmen die Geduld, die Demut aufbringen, sich mehr mit gegenwärtigen und zukünftigen Fragen als mit eingeübten, aber vergangenen Antworten zu beschäftigen, bedeutet es: Marketing. Nämlich jenes, welches nicht nur den Existenzgrund des Unternehmens, sondern auch seinen Sinngrund sichert. Mit der Fragefähigkeit nimmt auch die sinnvolle Antwortfähigkeit des Unternehmens zu."

*) *Peter Stüber:* Das Marketing in den 90ern, in: Hernsteiner Nr. 4/89

Bei der Forderung nach den eindeutig definierten Unternehmenszielen können wir zunächst zurückgreifen auf den Marketingregelkreis und den Abschnitt 3.7. Damit ist die sachliche Seite durchaus abgedeckt, nicht aber die menschliche Ebene; denn hier geht es wieder um Antworten auf die Frage von Mitarbeitern: Wohin geht eigentlich der Weg? Ein grelles Schlaglicht auf die Gewohnheiten in deutschen Unternehmen gab eine Umfrage bei den Teilnehmern eines Führungskräfte-Kongresses in München. 47% gaben eine negative oder zurückhaltende Antwort auf die Frage nach ihrer Identifikation mit dem Unternehmen, in dem sie arbeiten! Begründung: Wir wissen ja nicht, wo es lang gehen soll. Nun möchte ich sicher nicht einer rückhaltlosen Informationsoffenheit das Wort reden, bei der alle Unternehmensziele auf dem offenen Markt ausgebreitet und diskutiert werden. Aber die mittlerweile vielen positiven Beispiele beweisen: In geeigneter Form ist eine Information zumindest der qualifizierten Mitarbeiter möglich sowie derjenigen, die deutlich signalisieren: Wir identifizieren uns mit dem Unternehmen als gemeinsame Existenzgrundlage.

Unternehmerische Willensbildung war früher die Angelegenheit eines einzelnen oder bestenfalls eines mehrköpfigen Vorstandes oder der Geschäftsführung. Sie ist heute ein kooperativer Prozeß, in den Mitarbeiter entsprechend ihrer

- Qualifikation
- Motivation
- Identifikation
- Aufgabenstellung
- Verantwortung

durchaus einbezogen werden müssen. Für den Marketingplaner

ist dies von besonderer Wichtigkeit, denn er muß den Maßanzug seiner Marketingkonzeption für Produkte und/oder Teilmärkte in die Kleiderstange der vorgegebenen Unternehmensziele einhängen.

Bleibt als vierter und letzter Bestandteil der Corporate Identity die genaue Definition des Nutzens, den das Leistungsangebot des Unternehmens bietet als weitere Antwort auf die Frage: Wofür sind wir eigentlich da? Hier bietet der Marketingregelkreis auch in seiner bisherigen, sehr sachlichen Form schon eine Menge Aussagen:

- Da ist zunächst die reine Produktbeschreibung mit den technischen/physikalischen/funktionalen Eigenschaften, aber auch mit den ästhetischen/symbolischen/emotionalen Eigenschaften, die dem Verwender einen erwünschten Wert versprechen.
- Dann aber auch in der Nutzendefinition (technischer Nutzen/wirtschaftlicher Nutzen/vertrieblicher Nutzen/Image- oder Geltungsnutzen) als Antwort auf die Frage: Was verkaufen wir eigentlich?
- Last, not least in den vielen Aussagen zur Servicepolitik, wo wir genau beschreiben, welche Produktnebenleistungen mit unserem Angebot verbunden sind.

Die schönste Antwort fand ich in dem schon zitierten Stahlwerk, in dem es zusammenfassend hieß: Wir wollen die Alltagsprobleme unserer Kunden verringern oder vermeiden helfen durch die Qualität *unserer* Arbeit! Dann wurde in einer eingehenden Diskussion auf allen Ebenen des Unternehmens festgelegt: Was heißt „Qualität unserer Arbeit" in unserem Bereich, in unserer Abteilung?

5.2 Wie Menschen leben wollen – die neuen Zielgruppen

Konsumenten konnte man früher abzählen und zuordnen zu soziodemographischen und sozioökonomischen Zielgruppen. Aber schon mit der Beschreibung von psychologischen Marktsegmenten war diese einfache Art der Feststellung eines möglichen Marktsegmentes eigentlich vorbei, denn das Verhalten von Verbrauchern und Verwendern in bestimmten Situationen des täglichen Lebens – zum Beispiel beim Einkauf – ist keine Frage von Alter und Geschlecht oder der Einkommensklasse – es wird von ganz persönlichen Präferenzen bestimmt. Mit deren verstärkten Orientierung an bestimmten Lebensstilen hat sich das noch verschärft (Die „neuen Alten" sind ganz anders als die „alten Alten").

Abzählen geht nicht mehr! So muß sich auch die Marktforschung trennen von liebgewordenen Gewohnheiten und uns mit anderen Instrumenten helfen, den Markt zu erkennen.

Diesen neuen Verbraucher gibt es! Man kann ihn beschreiben, also auch erfassen – nur eben nicht abzählen. Man muß sich bemühen, die Trends zu erkennen, die Anteile in der Bevölkerung daraufhin zu schätzen, um dann sein Angebot auf die beschriebene Zielgruppe auszurichten. Dabei kommt erschwerend hinzu, daß sich Ambivalenzen bei vielen dieser Zielgruppen zeigen: Dieselbe Dame, die heute sündteure italienische Alta Moda einkauft, geht morgen mit einem unrechtmäßig ergatterten Ausweis im C & C-Markt einkaufen; derselbe Jungmanager, der heute beim Bummel mit Freunden und Freundinnen Austern und Sekt in einer bunten Einkaufspassage genießt, trägt zu eben diesem Einkaufsbummel verwaschene Jeans und ein offenes Baumwollhemd – aber unter einem Giorgio Armani Sakko – und morgen in der Bank wieder dunkelblau.

Beispiel für eine Segmentierung nach Kaufgewohnheiten und Lebensstil:

Qualitätsbewußtsein/ Geldausgabe	Persönlicher Lebensstil
Das Qualitätsbewußtsein und das Kaufverhalten lassen sich mit folgenden Merkmalen messen: 1. Beim Kauf einer Stereoanlage muß es schon eine bekannte Marke sein 2. Ich kaufe nur bei bekannten und renommierten Händlern 3. Ich achte besonders auf eine hohe Qualität 4. Für Phonogeräte gebe ich viel/sehr viel Geld aus	Der Anspruch an den persönlichen Lebensstil läßt sich anhand von folgenden Dimensionen messen: 1. Schöne Wohnungseinrichtung 2. Hochwertige Stereoanlage 3. Kunstgegenstände, wie Bilder und Grafiken 4. Wertvolle, alte Möbel 5. Reisen ins Ausland 6. Besuch kultureller Veranstaltungen 7. Häufig Gäste zu Besuch
Daraus werden vier Gruppen gebildet: • Sehr hoch: Befragte, die mindestens drei der vier Merkmale zustimmen • Hoch: Befragte, die mindestens zwei Merkmalen zustimmen • Durchschnittlich: Befragte, die nur einem der Merkmale zustimmen • Niedrig: Befragte, die keinem der Merkmale zustimmen	Daraus werden vier Gruppen gebildet: • Sehr hoch: Befragte, die mindestens fünf der sieben Merkmale zustimmen • Hoch: Befragte, die mindestens drei Merkmalen zustimmen • Durchschnittlich: Befragte, die mindestens einem der Merkmale zustimmen • Niedrig: Befragte, die keinem der Merkmale zustimmen

Quelle: Untersuchung „Wohnen und Leben“, Gruner & Jahr AG

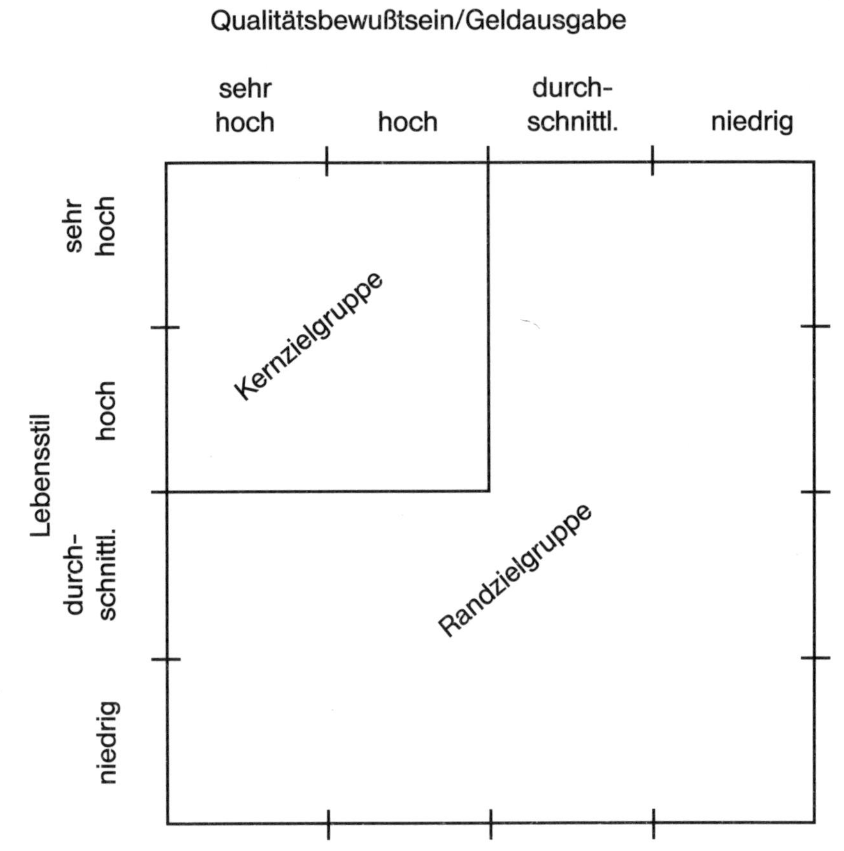

Quelle: *Lettau:* Grundwissen Marketing, Heyne-Verlag 1989

Abb. 12: Die Bestimmung einer Kernzielgruppe aus zwei Segmentierungsmerkmalen

Als erstes Beispiel für eine solche Zuordnung zu bestimmten Lebensstilen soll eine Untersuchung dienen, die von einem bekannten Hersteller von hochwertigen Stereoanlagen mit besonderem Design in Auftrag gegeben wurde. Aus zwei Parametern, nämlich einer psychologischen Segmentierung (Qualitätsbewußtsein/Geldausgabe) und einer Life-Style-Segmentierung (Tabelle)

entstand das Bild einer Zielgruppe, deren Lebensstil sie als besonders prädestiniert erscheinen läßt für eben diese ungewöhnlichen und auch ungewöhnlich teuren Musikerzeuger. (Abb. 12)
Ein weiteres Beispiel liefert die Untersuchung der Agentur *RISC, Nyon/CH.* [*] Es geht um die Frage: Mit welchen Zielgruppen können wir 1993 bei der Öffnung der Grenzen zum Europäischen Binnenmarkt rechnen? Dort heißt es:

- Ungefähr 1/3 aller europäischen Verbraucher ist resistent gegen den Wandel. Es handelt sich eher um ältere Leute mit einfacher Ausbildung; isolierte, ängstliche, unflexible Personen mit starkem Bezug zur nationalen und regionalen Kultur.
- Als offen für den Wandel schätzt man ca. 40% der europäischen Bevölkerung. Das Institut geht davon aus, daß jährlich zehn Mio. Europäer von traditionellen in moderne Segmente wechseln. Die „neuen Alten", der steigende Konsum von Tiefkühlkost und Convenience-Produkten, die große Anzahl Auto fahrender Frauen – dies und anderes sind Signale aus dieser Richtung und es wird für viele Firmen wichtig sein, diese Entwicklung rechtzeitig und konsequent aufzugreifen und nicht zu verpassen. [9]
- Träger des Wandels – als zentrale Zielgruppe für ein europäisches Marketing – ist ebenfalls ein rundes Drittel der Europäer. Sie verstehen sich als Individuum, haben internationale Maßstäbe, stellen höhere Anforderungen an Information, Qualität und das Image der Firmen, deren Produkte sie kaufen. Sie reisen viel und sie lesen viel. Das Institut bezeichnet sie als autonom, kreativ und flexibel.

[*] Quelle: Absatzwirtschaft Nr. 5/89

Diese letzte Gruppe teilt sich noch einmal in die „Aufsteiger“ und die „Trendsetter“:

Aufsteiger
- speziell in Italien überproportional vertreten,
- unternehmungslustige Pragmatiker,
- hohe Sensibilität für Fitneß und Gesundheit.

Trendsetter
- in Frankreich und Spanien überproportional vertreten,
- überproportional modebewußt,
- wacher Blick für das Preis-/Leistungsverhältnis.

Haben Sie irgendwo soziodemographische oder sozioökonomische Kriterien entdeckt? Ein Franzose mit einem entsprechend hohen Einkommen wäre sicher in der Lage, ein deutsches Fernsehgerät oder eine deutsche Geschirrspülmaschine zu kaufen. Aber ob er das auch tut? Das hängt – wie wir sehen – von ganz anderen Kriterien ab!

Letztes Beispiel: *Werner Wyss* beschreibt mit vielen Einzelheiten [10)] die „psychologische Karte“ der Schweiz anhand von vier Quadranten dieser Karte, gebildet aus zwei Gegensatzpaaren (Abb. 13)

Daraus leitet er vier Lebensstile ab, und zwar wie folgt:
- Erster Quadrant: konservativ und innengerichtet.
  Dieser Quadrant ist charakterisiert durch die reservierte Haltung, die genau in der Mitte zu liegen kommt, ferner durch Introversion, Ernsthaftigkeit, Friedfertigkeit, traditionelle Auffassung der Geschlechterrolle und Reife. Christliche Moral und

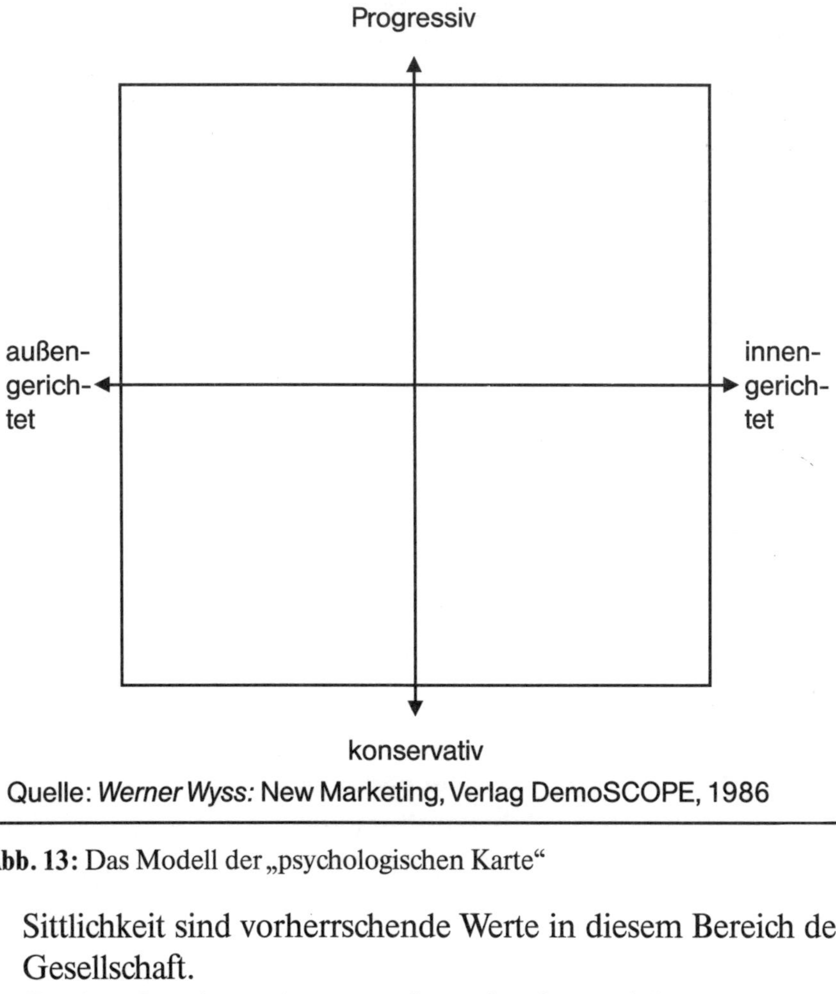

Quelle: *Werner Wyss:* New Marketing, Verlag DemoSCOPE, 1986

Abb. 13: Das Modell der „psychologischen Karte“

Sittlichkeit sind vorherrschende Werte in diesem Bereich der Gesellschaft.

- Zweiter Quadrant: konservativ und außengerichtet.
  In diesem Quadranten ist das bürgerliche Lager zu Hause. Im Zentrum steht der Eigentumsgedanke. Er verbindet sich mit einem ausgeprägten Maß an Realismus und Egoismus. Sauberkeit sowohl in der äußeren Erscheinung wie im Verhalten den Mitmenschen gegenüber ist ein wichtiges Anliegen. Personen der entsprechenden Geisteshaltung haben ferner in der Regel auch eine autoritäre Einstellung.

- Dritter Quadrant: progressiv und außengerichtet.
  Der zentrale Wert ist der Hedonismus, zu dem sich das Wohlstandsstreben, Extraversion, Erotik, Aktivität und neuerdings auch wieder das Erfolgsstreben gesellen.
- Vierter Quadrant: progressiv und innengerichtet.
  Die Wertvorstellungen in diesem Quadranten haben sich in den letzten paar Jahren um einiges verschoben. Nach wie vor sind Nonkonformismus und antiautoritäre Haltung vorhanden, ferner auch Neoromantik, eine neue Art von Sozialismus, Altruismus, z. B. im Dritte-Welt-Gedanken, sowie die Tendenz zur ungepflegten Erscheinung. Der vierte Quadrant ist ein Sammelbecken von grünen, linken und wirtschaftskritischen Ideologien, kurz: die Alternativ-Scene. Hierher gehört auch der Versuch zum Ausbruch aus dem rationalen Denken mit Hilfe der Grenzwissenschaften.

Auch hier: keine Spur von einfachen und abzählbaren Eigenschaften, sondern die Beschreibung von Menschen, die in ganz bestimmter Art und Weise leben und sich entsprechend verhalten. Für den Marketer stellt sich die Frage: Wie kann man diese Zielgruppen ansprechen? Geht das überhaupt? Auch hier möchte ich mit drei erfolgreichen Beispielen belegen, daß meine Behauptung stimmt: Man kann! Alle drei Beispiele habe ich deshalb ausgewählt, weil sie allgemein bekannt sind und nachvollzogen werden können.

- Worin liegt der Erfolg von Ikea begründet? Sicher nicht nur in den Produkten und ihren Preisen, sondern darin, daß dieses Unternehmen mit einer kaum nachvollziehbaren Konsequenz einen bestimmten Lebensstil anspricht, der heute von jungen Menschen (und junggebliebenen Menschen) gelebt wird — weit weg vom konservativen Möblement ihrer Eltern, die ein „Speisezimmer“ noch für ein ganzes Leben kauften.

- Worin liegt der Erfolg von McDonald begründet? Sicher nicht nur in den Produkten und ihren Preisen, sondern darin, daß dieses Unternehmen mit einer kaum nachvollziehbaren Konsequenz einen bestimmten Lebensstil anspricht, der heute von den ganz jungen Menschen (die sich vom Elternhaus emanzipieren wollen) gelebt wird – weit weg vom normalen Auftritt in normalen Gaststätten und Restaurants, die im Laufe der Jahrzehnte vielleicht ihr Ambiente, aber nicht ihr Prinzip geändert haben.
- Worin liegt der Erfolg vom Club Mediterrané begründet? Sicher nicht nur in den angebotenen Unterkünften und deren Preisen, sondern darin, daß dieses Unternehmen mit einer kaum nachvollziehbaren Konsequenz einen besonderen Lebensstil anspricht, der heute von einer besonderen Zielgruppe aktiver, junger Menschen gelebt wird – weit weg von der „Sommerfrische“ ihrer Eltern oder vom Massenstrand an der Adria.

Solche Beispiele gab es schon immer. Die Kneipenkultur in Berlin und die Biergärten in München, die Schiffermütze in Hamburg und der Trachtenanzug in Bayern – alles signalisierte: Hier wird ein bestimmter Lebensstil gepflegt! Neu ist, daß der „Life-Style“ als alles beherrschendes Element so stark in den Vordergrund tritt, daß er alle aus der Nachkriegszeit stammenden Zielgruppendefinitionen überdeckt und die Marketer zwingt, neu zu denken.

Marktsegmentdefinition (wie in Kapitel 6 beschrieben) und Zielgruppendefinition werden damit zu strategischen Instrumenten in der Hand zukunftsorientierter Marketingstrategen.

Zusammenfassung:
Marketing hat die ausschließlich absatzorientierte Phase verlassen und ist in die Phase der verstärkten Humanorientierung eingetreten. Das betrifft sowohl die Mitarbeiter im Unternehmen als auch die Menschen, denen wir etwas verkaufen wollen. Corporate Identity – als gemeinsame Basis sinnvoller Arbeit – und Life-style-Orientierung – als bewußtes Eingehen auf neue Lebensweisen der Menschen – sind die neuen Marketinginstrumente.

Arbeitsbogen Nr. 7:

1. Beantworten Sie zunächst – in Stichworten – diese zwei Fragen:
   - Welche Anforderungen ergeben sich für unser Unternehmen aus der humanorientierten Phase des Marketing?
   - Welche dieser Anforderungen sind erfüllt – welche nicht?
2. Skizzieren Sie dann – in Stichworten –, welche Einzelaufgaben angegriffen und/oder erfüllt werden müssen, um die noch offenen Anforderungen zu erfüllen.

Anforderungen / Aufgaben / Bereiche	Anforderungen		Aufgaben
	erfüllt	nicht erfüllt	

6. Die dritte Revolution: Elektronik und Ökologie verändern das Bewußtsein und die gesellschaftlichen Konventionen

Die zweite Revolution betraf den Menschen, und wir erfanden neue Werkzeuge, um mit dieser Veränderung im Bild des Menschen fertigzuwerden. Die dritte Revolution betrifft Veränderungen in der Umwelt des Menschen und hat so gegensätzliche Überschriften wie Elektronik und Ökologie. Und doch haben diese beiden Themen eines gemeinsam: Sie haben das Bewußtsein der Menschen erweitert und zu einer neuen Ebene in der Entwicklungsspirale geführt. Beide Veränderungen haben dazu beigetragen, daß wir

- gelernt haben, offen zu sein für neue Themen und neue Herausforderungen,
- gelernt haben, die Abhängigkeiten der neuen Herausforderungen untereinander zu erkennen,
- gelernt haben, diese gegenseitigen Abhängigkeiten mit den Techniken des Managements vernetzter Systeme in unser Denken einzubeziehen.

1. Schon nach dem ersten Bericht des „Club of Rome“ über die „Grenzen des Wachstums“ wurde klar, daß wir über die bis dahin bekannten Produktionsfaktoren Kapital und Arbeit würden hinausdenken müssen. Die erste Ölkrise machte es dann auch dem letzten Bürger klar: Unser „Raumschiff Erde“ hat nur begrenzte Ressourcen zur Verfügung, und wir müssen deshalb Energie und Rohstoffe als neue Produktionsfaktoren in unser Denken einbeziehen.

Kapital	Arbeit
Energie	Rohstoffe

Abb. 14: Die neuen Produktionsfaktoren/I

Der verstorbene Manager *Bennigsen-Foerder* nannte es „das Dreieck aus Kapital, Arbeit und Natur."

Das geht uns heute so selbstverständlich über die Lippen, und doch hat die Ökologie unter ihrem populären Namen „Umweltschutz" eine mühsame, aber letztlich doch erfolgreiche Entwicklung hinter sich gebracht. Wer kann sich denn noch erinnern an die Zeiten, als „Le Waldsterben" (wie die Franzosen es mittlerweile auch nennen) die ersten Zeitungsspalten eroberte? Wer kann sich denn noch daran erinnern, daß wir alle (!) die Grünen zunächst nur als Spinner abtaten und uns den „ernsthaften Problemen" unserer Zeit und unserer Gesellschaft zuwandten? Und wie sehr auch politische Parteien die Ökonomie mit deutlichem Vorrang vor der Ökologie einstuften und den Wert von Arbeitsplätzen höher einschätzten als saubere Luft und sauberes Wasser?

Das ist lange vorbei. Mittlerweile kennen wir alle den Treibhauseffekt und das Ozonloch, mittlerweile kennen wir alle die Namen der Chemiegiganten, die immer wieder einmal aufgrund von bedauerlichen Pannen den Rhein bunt einfärben. Mittlerweile haben viele Firmen auch den Wert der Werbung mit Vokabeln wie „Bio ..." oder „ohne FCKW" erkannt und benutzen dieses gewandelte Bewußtsein in der Bevölkerung für ihre Zwecke, sicher nicht ganz uneigennützig – aber immerhin. Ökologie/Umweltschutz ist – so sagte eine Befragung – zum wichtigsten Thema der Menschen in Deutschland geworden, noch vor der Arbeitslosigkeit und nur knapp hinter den Problemen der Wiedervereinigung

Deutschlands! Welche Lawine von Erkenntnissen haben die jungen Menschen doch losgetreten!

Und das wird weitergehen. Es ist nicht schwer, vorauszusagen, daß saubere Luft und sauberes Wasser zu den beherrschenden Themen der nächsten Jahre avancieren werden und daß aus dem heutigen Gleichgewicht zwischen Ökonomie und Ökologie ein Führungswechsel zugunsten der Ökologie entstehen wird.

1. Stufe	Ökonomie ←		• Alleinherrschaft
2. Stufe	Ökonomie ↔	Ökologie	• Gleichgewicht
3. Stufe	Ökonomie →	Ökologie	• Führungswechsel

Hier sind die Marketer wieder aufgerufen! Denn das ist doch wohl eine echte Revolution, wenn die Ökonomie ihren ersten Platz in unserem Denken verliert und einem anderen Paradigma Platz machen muß! Das bedeutet unter anderem, daß wir von liebgewordenen Wachstumsideologien Abschied nehmen müssen und Orden und Ehrenzeichen nicht mehr für die hemmungslosen Umsatzziele erhalten werden, sondern für ganz andere Erfolge. Die sachbezogene Ausrichtung des Marketing muß hier zum zweiten Mal einer ideellen Ausrichtung weichen.

2. Ähnlich dramatische Veränderungen – vielleicht nicht so vordergründig sichtbar – wurden initiiert durch die Elektronik. Da war einmal der vielbestaunte Einsatz von Robotern in den Autofabriken, publikumswirksam auch deshalb, weil jeder die großen Automarken und Herstellernamen kennt. Dann gab es aber auch den Siegeszug der Personalcomputer, die ihren ersten Auftritt in der Mitte der siebziger Jahre hatten und mittlerweile aus den Abteilungen und Büros der Firmen – kaufmännischen wie tech-

nischen – nicht mehr wegzudenken sind. Die Demokratisierung der Information durch immer kleinere, immer leistungsfähigere, immer billigere, immer schnellere Maschinen mit echter Rechnerintelligenz ist die eine Seite, die ungeheuren Chancen der Optimierung von Produktionsverfahren und Materialeinsatz – das ist die andere Seite dieser Entwicklung. Um noch eine dritte – für uns Marketer ebenso bedeutsame – anzuführen: Die aus CAD/CAM und schließlich CIM erwachsende Flexibilität in der Herstellung von Produkten! Das bedeutet: Kleine Losgrößen, individuelle Ausstattungen, minutengenaue Fertigungssteuerung und Just-in-time-Systeme für eine *kundenorientierte Produktion* – bis zum Zusammenschalten der Materialwirtschaftssysteme von Industrie und Handel. Auch das ist schon Realität.

3. Eine dritte Revolution liegt in der Telekommunikation. Ob sich eine Sachbearbeiterin in der Beitragsabteilung einer großen Versicherung oder ein Technischer Zeichner in einem Konstruktionsbüro wohl klarmachen, was ISDN – neben der technischen Sensation der Multifunktionalität mit einer einzigen Ident-Nummer – bedeutet im ideellen Bereich? Welches Maß an Partnerorientierung hier möglich gemacht wird und welches Ausmaß an persönlicher Kommunikation (Humanorientierung!) hier eröffnet wird? Es gibt Marketer, die behaupten: Die Elektronik – mit der Unterabteilung Telekommunikation – wird das Marketing stärker verändern als jede andere Technik vorher. Hierhin gehören auch die Btx-Systeme, die heute schon tausendfach Produzenten und Handel in geschlossenen Systemen verbinden oder große Versicherungen mit ihren Agenturbüros. Hierhin gehören auch die PC oder Lap Top in der Hand von Außendienstmitarbeitern, die das vielgeschmähte „Berichtswesen“ auf eine andere Stufe heben. (Abb. S. 136 und Tabelle S. 136 bis 142).

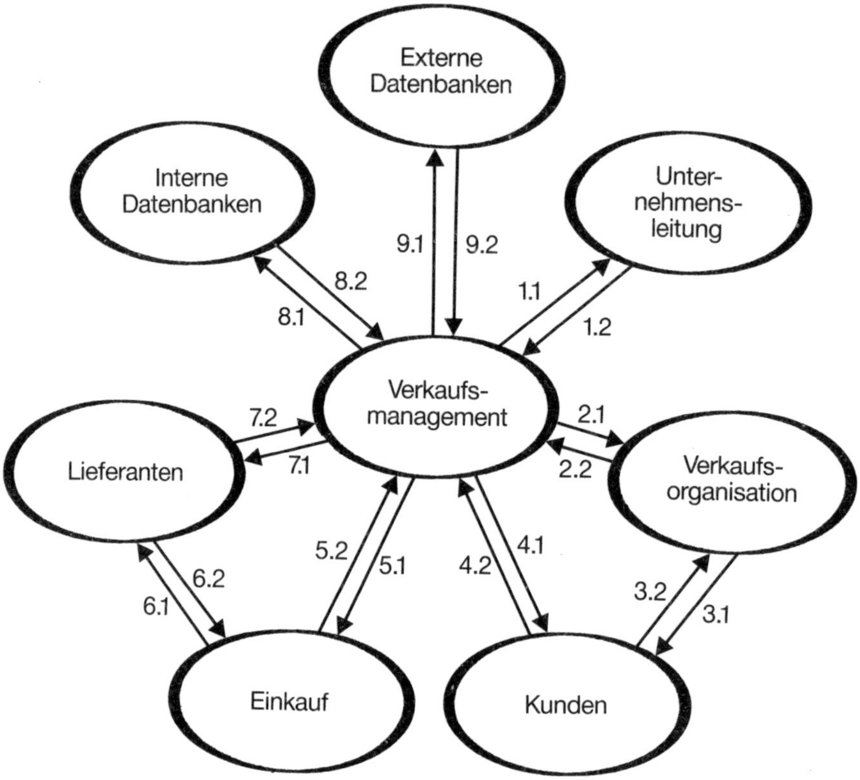

Abb. 15: CAA = Computer aided activities im Verkaufsmanagement

1.1 *Verkaufsmanagement* ⟶ *Unternehmensleitung*

- Aktuelle Marktinformation/Trends
- Vorschauen/Hochrechnungen
- Problemlose Erstellung von Portfolio-Analysen für Produkte/Vertriebswege und Teilmärkte
- Problemlose Erstellung von ABC-Analysen für Produkte/Vertriebswege/Teilmärkte
- Entwicklung und Bewertung alternativer Marktstrategien
- Alternativrechnungen für verschiedene Preis-Mengen-Strategien
- Analyse der Marktposition für Produkte

1.2 *Unternehmensleitung* ⟶ *Verkaufsmanagement*

- Unternehmensziele
- Unternehmensstrategie
- Integrierte Unternehmensplanung
- Verabschiedete Verkaufsziele
- Verabschiedete Budgets
- Verabschiedete Marketing-Pläne

2.1 *Verkaufsmanagement* ⟶ *Verkäufer*

- Umfassende und aktuelle Unternehmensinformationen
- Aktuelle Marktinformationen
- Aktuelle Konkurrenzinformationen
- Prompte Anweisungen
- Begründete Sollvorgaben
- Schulung: Produkte und Aktionen
- Aussagefähige Kundenkartei
- Optimierung des Produktmix als Vorgabe
- Optimierung der Kundenstruktur als Vorgabe
- Differenzierte Verkaufsplanung nach Produkten, Kunden und Vertriebswegen
- Differenzierte Verkaufsbezirk-Strategien als Vorgabe
- Ständige, aktuelle Soll-Ist-Vergleiche
- Zielorientierte Außendienststeuerung
- Problemlose Kommunikation
- Elektronischer Briefkasten
- Systematische Tourenplanung als Vorgabe
- Auswertung des Berichtswesens incl. Feedback
- Personalinformation

2.2 *Verkaufsorganisation* ⟶ *Verkaufsmanagement*

- Problemlose Kommunikation
- Elektronischer Briefkasten
- Systematisierte Marktinformationen
- Systematisierte Konkurrenzinformationen
- Systematisierte Kundeninformationen
- Problemloses Berichtswesen incl. Feedback
- Wünsche, Anfragen, einfache Bestellungen

- Differenzierte Verkaufsplanung nach Produkten, Kunden/ Vertriebswegen
- Differenzierte Verkaufsbezirk-Strategien als Vorschlag
- Systematische Tourenplanung als Information
- Systematische Besuchsvorbereitung als Information
- Aktualisierte Kunden-Stammdatei
- Personalinformationen/-anfragen/-probleme
- Spesenabrechnungen/Reisekostenabrechnungen

Beispiele für Informationen aus einem CAA-System

3.1 *Verkaufsorganisation* ⟶ *Kunde*

- Umfassende, aktuelle Informationen
- Verkaufshilfen, Argumentationshilfen
- Produktinformationen
- Angebote und Preise
- Aktionen/Aktionsplanung
- Optimierung des Produktmix als Vorschlag
- Optimierung der Lagerbestückung als Vorschlag
- Differenzierte Verkaufsplanung als Vorschlag: Produkte/ Zeiten/Mengen
- Potentialanalysen für den Kundenteilmarkt
- Sachgerechte Beratung einschließlich Entscheidungshilfe
- Elektronischer Produktekatalog
- Einfache, regionale, branchenbezogene Marktanalysen als Serviceleistung
- Optimierungsrechnungen für Jahresabkommen
- Gemeinsames Marketing
- Elektronischer Briefkasten

3.2 *Kunde* ⟶ *Verkaufsorganisation*

- Bedarfsvorschauen/Trends
- Sonderwünsche/Sondervereinbarungen
- Rahmenabkommen/Jahresvereinbarungen
- Fragen und Probleme
- Besuchsplanung/Besuchsvorbereitung
- Aufträge, Bestellungen für Produkte und Ersatzteile etc.

- Präzise Reklamationen
- Elektronischer Briefkasten
- Regionale, branchenbezogene Marktanalysen

4.1 *Verkaufsmanagement* ——→ *Kunde*

- Standardangebote
- Aktionsangebote
- Rahmenabkommen/Jahresvereinbarungen
- Auftragsbestätigungen/Lieferzeiten
- Differenzierte Verkaufsplanung als Vorschlag: Produkte/Zeiten/Mengen
- Sachgerechte Beratung einschl. Entscheidungshilfe
- Elektronischer Produktekatalog
- Regionale, branchenbezogene Marktanalysen als Service
- Optimierungsrechnungen für Rahmenabkommen
- Umfassende, aktuelle Informationen
- Gemeinsames Marketing
- Koppelung von Warenwirtschaftssystemen
- JIT-Programme für die Logistik als Angebot
- Gemeinsame CAD/CAM-Programme
- Elektronischer Briefkasten
- Produktinformationen
- Optimierung des Produktmix als Vorschlag
- Potentialanalysen für den Kundenteilmarkt

4.2 *Kunde* ——→ *Verkaufsmanagement*

- Regionale, branchenbezogene Marktinformationen
- Voll durchorganisiertes Bestellwesen
- Beschleunigte Bestellung von Ersatzteilen
- Präzise Reklamationen
- Bedarfsvorschauen/Trends
- Sonderwünsche/Sondervereinbarungen
- Fragen/Probleme
- JIT-Programme für die Logistik als Vorgabe
- Koppelung der Warenwirtschaftssysteme
- Gemeinsames Marketing
- Gemeinsame CAD/CAM-Programme

5.1 *Verkaufsmanagement ——▸ Einkauf* • Verabschiedete Verkaufsplanung • Plankorrekturen/Saisonverläufe • Marktinformationen/Trends • Konkurrenzinformationen • Informationen über neue Produkte • Informationen über neue Produkttechnologien • Informationen über neue Kundenbedürfnisse
5.2 *Einkauf ——▸ Verkaufsmanagement* • Marktinformationen/Trends • Konkurrenzinformationen • Lieferanteninformationen • Informationen über neue Produkte • Informationen über neue Technologien • Informationen über neue Bedürfnisse
6.1 *Einkauf ——▸ Lieferanten* • Bedarfsvorschläge/Trends • Plankorrekturen/Saisonverläufe • Voll durchorganisiertes Bestellwesen • Beschleunigte Bestellung von Ersatzteilen • Beschleunigte Bestellung von Ersatzlieferungen • Präzise Reklamationen • Sonderwünsche/Sondervereinbarungen • Fragen und Probleme • JIT-Programme für die Logistik als Vorgabe • Koppelung der Warenwirtschaftssysteme • Gemeinsame CAD/CAM-Programme • Rahmenabkommen/Jahresvereinbarungen • Elektronischer Briefkasten
6.2 *Lieferanten ——▸ Einkauf* • Rahmenabkommen/Jahresvereinbarungen • Standardangebote • Aktionsangebote • Auftragsbestätigungen/Lieferzeiten • Sachgerechte Beratung einschl. Entscheidungshilfe

- Elektronischer Produktekatalog
- Optimierungsrechnungen für Rahmenabkommen
- Koppelung der Warenwirtschaftssysteme
- JIT-Programme für die Logistik als Angebot
- Gemeinsame CAD/CAM-Programme
- Elektronischer Briefkasten

7.1 *Verkaufsmanagement ⟶ Lieferanten*
- Gemeinsames Marketing als Vorschlag
- Regionale und branchenbezogene Marktinformationen

7.2 *Lieferanten ⟶ Verkaufsmanagement*
- Umfassende, aktuelle Informationen
- Verkaufshilfen/Argumentationshilfen
- Produktinformationen
- Regionale und branchenbezogene Marktanalysen als Serviceleistung
- Öffentliche Marketingprogramme als Serviceleistung
- Gemeinsames Marketing als Vorschlag
- Elektronischer Produktekatalog

8.1 *Verkaufsmanagement ⟶ interne Datenbanken*
- Aktuelle Marktinformationen/Trends
- Konkurrenzinformationen
- Vorschaurechnungen/Hochrechnungen
- Verabschiedete Verkaufsplanung
- Plankorrekturen/Saisonverläufe
- Informationen über neue Produkte
- Informationen über neue Technologien
- Informationen über neue Kundenbedürfnisse

8.2 *Interne Datenbanken ⟶ Verkaufsmanagement*
- Aktuelle Daten der Entwicklung von Mengen/Umsätzen/ Deckungsbeiträgen
- Aktuelle Daten über Auslastung in der Fertigung
- Kapazitätsengpässe/Lieferzeiten
- Auftragsdurchlauf-Informationen
- Produktbezogene Daten

- Kundenbezogene Daten
- Mitarbeiterbezogene Daten
- Soll-Ist-Vergleiche: Absatz/Umsatz/Deckungsbeiträge
- Soll-Ist-Vergleiche: Budget

9.1 *Verkaufsmanagement ⟶ externe Datenbanken*
- Firmendaten nach entspr. Verabredung
- Aktuelle Daten der Entwicklung von Umsätzen/Mengen/Deckungsbeiträgen nach entspr. Vereinbarungen

9.2 *Externe Datenbanken ⟶ Verkaufsmanagement*
- Aktuelle Marktinformationen/Trends
- Öffentliche Marketingprogramme
- Verabredete Kennziffern aus Märkten/Branchen/Firmenvergleichen
- Literaturdienste/Zeitschriftendienste
- Bankdienste/Börsendienste
- Neuheitendienste betr. Produkte und Technologien
- Nationale und internationale Expertenprogramme: Recht/Steuern/Sozialwesen/Wissenschaften etc.
- Auslandsinformationsdienste nach Ländern/Sachgebieten

Kurz und gut – wir werden unser Modell der Produktionsfaktoren ganz schnell erweitern müssen um die Begriffe Information und Kommunikation, worin ich alle Einzelaufgaben zusammenfassen möchte, die hier nur kurz – im Rahmen eines Marketingthemas – angeschnitten werden können.

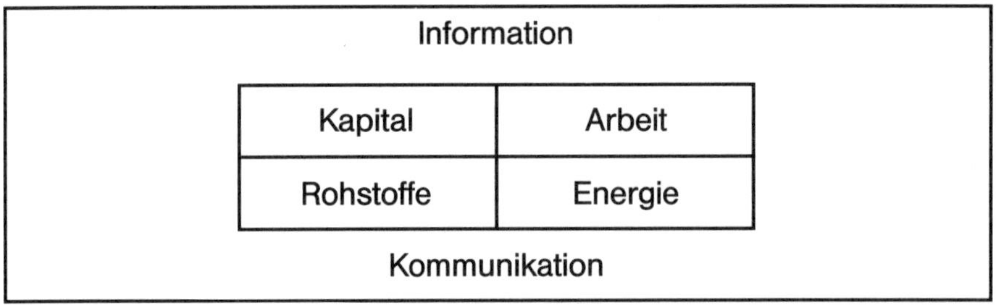

Abb. 16: Die neuen Produktionsfaktoren/II

Information und Kommunikation sind dabei die unerläßlichen Hilfsmittel, um die Erweiterung des Denkens und das Einbeziehen der neuen Produktionsfaktoren überhaupt möglich zu machen.

Aber auch andersherum wird ein Schuh daraus: Wenn man die Elektronik nur als „elektronische Datenverarbeitung" nach altem Muster benutzt (nämlich, um große Datenmengen in einer groß dimensionierten zentralen EDV-Anlage elektronisch zu verarbeiten und aufzubereiten), dann wird man nicht in die dritte, die kreative Stufe der Datenverarbeitung vorstoßen können und man wird die Chance verpassen, sich strategisch neu zu orientieren, die vielen neuen Erkenntnisse und Informationen in die Planung einzubeziehen und man wird nicht in der Lage sein, immer wieder strategische Alternativen zu errechnen aufgrund sich ständig verändernder Markttrends.

3. Stufe	*Kreative Phase:* Ausnutzen der Möglichkeiten der Elektronik und des Prinzips der demokratisierten Information zu strategischen und teilstrategischen Überlegungen und zur Berechnung von Alternativen und Folgen.
2. Stufe	*Integrationsphase:* Verknüpfung der Daten zu integrierten Planungssystemen und zur Ermittlung von Kennziffern zur Unternehmenssteuerung.
1. Stufe	*Verarbeitende Phase:* Elektronische Datenverarbeitung mit dem Ziel, große Mengen von anfallenden Daten zu ordnen, zu verarbeiten und auswertungsfähig zu strukturieren.

Ganzheitliches Marketing wird sicher nicht davon abhängen, ob wir die neueste Hardware auf den Tischen unserer Mitarbeiter haben und die neueste Software benutzen. Die neuen Horizonte in unseren Überlegungen werden aber diese technische Unterstützung zur Bewältigung ihrer Vielfalt brauchen!

In den ersten Kapiteln über die Phase des absatzorientierten Marketing haben sich sicher viele Unternehmen und viele Marketer wiedergefunden – aber auch bei solchen Überlegungen? Das dürfte für viele noch Neuland bedeuten und ein zukunftsorientiertes Vortasten in Bereiche, die neu und fremd sind, und die vor allem den Mut erfordern, Vorreiter zu sein in einer Branche oder einem Konkurrenzumfeld, das vielleicht noch vergangenheitsorientiert in spektakulären Verkaufsaktionen seine höchste Befriedigung findet. Der einzige Trost, den ich zu bieten in der Lage bin: In dem Spannungsfeld zwischen

langfristiger Existenzsicherung
contra
kurzfristiger Gewinnoptimierung

werden diese Firmen letztendlich die Gewinner sein.

Auch die Psychologen und Führungstrainer sind aufgerufen: Was tun, wenn die Marketingabteilung die Hinwendung zu den eher ideellen Kriterien im neuen Marketing bereits propagiert, die Unternehmensleitung aber eher vergangenheitsorientiert an alten Paradigmen festhält? Was tun, wenn eine Unternehmensleitung das neue Denken auf ihre Fahnen geschrieben hat, die Mitarbeiter aber mangels Motivation nicht mitziehen? Hier öffnet sich ein weites Feld für zukunftsorientierte Arbeit in den Unternehmen.

Zusammenfassung:
Zwei externe Entwicklungen verändern erneut das Bild. Nach innen: Die Elektronik mit ihren Möglichkeiten zur Information und Kommunikation wird das Marketing stärker verändern als alle anderen Methoden vorher. Nach außen: In der Gesellschaft dagegen werden – ausgelöst durch die Ökologie – andere Maßstäbe gefunden und diskutiert.

7. Die Vernetzung des Marketing mit den gesellschafts-politischen Entwicklungen

7.1 Ein neues Denken wird verlangt

In seiner anspruchsvollen Aufgabenstellung für das Marketing verlangte *W.K.A. Disch* auch die „Zukunftsorientierung" des Unternehmens. Das ist im Alltagsgeschäft der aktuellen Aktionen

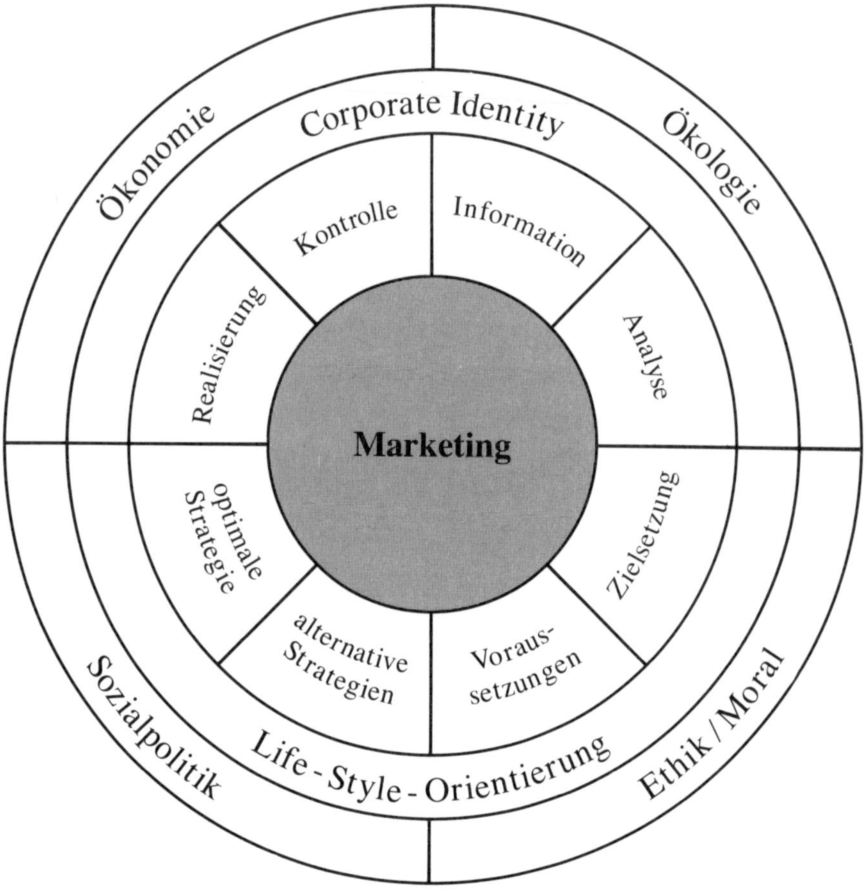

Abb. 17: Die Vernetzung mit gesellschaftspolitischen Entwicklungen

häufig einfach untergegangen, um so mehr, wenn man Marketing allein auf der operativen Ebene ansiedelt und als Instrumentenkoffer benutzt, um auf aktuelle Situationen eindimensional mit vorgefertigten Antworten zu reagieren. Wenn man aber diese Forderung nach Zukunftsorientierung – und zwar für das ganze Unternehmen! – ernst nimmt, dann muß man sich auch mit den neuen, viel weitergehenden Forderungen an diese Disziplin auseinandersetzen. Welche Chance für die Marketingmanager, sich hier erneut zu profilieren und ihr Unternehmen auf diesen Weg zu bringen!

Aber zum ersten Mal habe ich hier keine Methoden oder Maßnahmen anzubieten, keine Modelle oder Werkzeuge, um auf diesem schwierigen Weg Anhaltspunkte zu finden. Das war noch einfach in der absatzorientierten Phase des Marketing und im Marketingregelkreis. Dort ging es um das „Agieren", um den gekonnten und abgestimmten Einsatz der absatzpolitischen Instrumente. In der humanorientierten Phase hatten wir dann auch noch zwei Werkzeuge zur Verfügung, um zu „reagieren" auf die veränderte Einstellung der Menschen, mit denen wir es – als Mitarbeiter und als Kunden – zu tun haben.

In der letzten, der gesellschaftspolitischen Phase des Marketing, kann man mit einfachen Instrumenten nun nicht mehr aufwarten. Hier muß jeder Unternehmer, jeder Marketer, jeder Mitarbeiter selber seinen Standpunkt finden und Stellung beziehen! Dieses Feld ist so vielfältig und so facettenreich, daß auch eindimensionale Ansätze unter dem Stichwort „Wenn ... dann ..." nicht greifen werden. Was bleibt, ist der eindringliche Appell, sich dieser Herausforderung zu stellen und die Schilderung von Überlegungen und Beispielen, um die Verantwortlichen zum Nachdenken zu bringen und ihnen bei ihrer Entscheidung zu helfen. *Gerd Ger-*

ken [11] verdanken wir die wohl umfassendste Darstellung auf diesem Gebiet mit allen ihren denkbaren Entwicklungen und einem möglichen Weg in die Zukunft. Mit den Fragen von Ethik und Moral beschäftigen wir uns ja schon länger, mit der Ökonomie sowieso. Auch die ökologischen Aspekte haben wir in vielen Unternehmen schon verinnerlicht. *Gerken* deckt mit besonderer Eindringlichkeit die Zusammenhänge auf vor allem mit der Sozialpolitik und spricht vom „Ökosozialismus".

Auch bei *Capra* [12] ist von der Notwendigkeit zum ganzheitlichen und ökologischen Denken die Rede. So können wir die Schlußfolgerung wagen, daß in der Literatur dieses Thema schon dargestellt und diskutiert wurde. Aber wie ist es mit der Wirtschaft – wie ist es mit dem Marketing? Gibt es auch hier Signale, die uns weiterhelfen, die uns Mut machen können, in dieser Richtung weiter voranzugehen? Ich möchte versuchen, darauf einige Antworten zu finden.

Über die „Ethische Verantwortung des Unternehmers" hielt *Eberhard von Kuenheim,* Vorstandsvorsitzer bei BMW, einen vielbeachteten Vortrag bei der Evangelischen Akademie in Tutzing. Seine Kernaussage: „Ein Unternehmen bricht auf der Stelle auseinander, wenn sich seine moralischen Grundsätze nicht in Übereinstimmung mit der gesellschaftlich geforderten Moral befinden." Das sind gleich zwei Merkpunkte für unser Thema: Einmal setzt er voraus, daß ein Unternehmen moralische Grundsätze überhaupt hat, und er fordert dann die Übereinstimmung dieser Grundsätze mit den heute geltenden Normen. Bei einem Unternehmen mit so starker Wirkung in die Öffentlichkeit werden wir alle die Gelegenheit haben, diese Aussage auf ihren Wahrheitsgehalt zu überprüfen. Angesichts der vielen Verkehrstoten werden wir fragen: Was wird getan für die äußere Sicherheit der Autos?

Was wird getan für die innere Sicherheit der Autos? Was wird getan für den Umweltschutz – der uns allen so sehr am Herzen liegt? Was werden die Autofahrer selber tun, um ihrem eigenen Anspruch gerecht zu werden? „Die Technik hat ihre politische Unschuld verloren“ – so *v. Kuenheim*. Und er fordert: „Philosophie, Technik und Sozialwissenschaften müssen sich häufiger begegnen.“

Ethik und Moral werden auch die Frage nach den wahrheitsgemäßen Aussagen über Produkte und Bestandteile anstoßen. Was ist wirklich in den Lebensmitteln enthalten, um z. B. Wurst und Schinken hellrot und saftig in die Theken der Lebensmittelmärkte zu bringen? Der Skandal um die Kälbermastmittel war wohl ein unüberhörbares Signal aus der Ecke der „heute geltenden gesellschaftlichen Normen“. Und ob ein Kosmetikproduzent auch weiterhin in Deutschland mit großem Aufwand für seine FCKW-freien Haarsprays werben kann und gleichzeitig in Griechenland und Portugal die gleichen Produkte der gleichen Marke mit den sattsam bekannten Treibmitteln wird anbieten können – das wird spätestens 1993 bei der Öffnung des Europäischen Binnenmarktes entschieden werden.

Dazu tritt die ethische Frage der Verschwendung von Ressourcen. Ein ganz positives Beispiel dafür, daß die Wirtschaft diese Herausforderung aufgreift, daß auch das Marketing hier nachweisbare Erfolge erzielen konnte, ist das allen Bürgern bekannte Altpapierrecycling. Nach einer Information der „Süddeutschen Zeitung“ lag die Quote des Altpapiereinsatzes in der deutschen Papierherstellung 1988 bei 46% [*)] und damit doppelt so hoch wie in den USA. Sie soll – wenn es nach dem Willen des Umweltministers geht –

[*)] Quelle: „Dem Abfallberg die Spitze nehmen“, Süddeutsche Zeitung Nr. 87 vom 14. 4. 90

auf über 50% steigen. In den Anfangsjahren dieser Entwicklung standen vielfältige Einwände gegen das oft etwas grobe Recyclingpapier – inzwischen ist dies zum Werbeargument geworden! Hier haben wir ein signifikantes Beispiel für die Zusammenhänge zwischen den genannten gesellschaftspolitischen Entwicklungen: Die Verwendung von Altpapier schont den Rohstoff Holz, es wird Energie bei der Produktion eingespart, wir wenden uns gegen eine unnötige Verschwendung. Rückblende in die Ökologie: Für viele positive Eigenschaften des Papiers wird in der Herstellung noch Chlorbleiche eingesetzt.

Auch das De-inking-Verfahren, mit dem man dem Zeitungspapier die Druckerschwärze entzieht, ist noch nicht vollkommen, und das bedeutet: Die Ökologie kommt noch einmal ins Spiel. Das Unternehmen muß Gelder bereitstellen für Entwicklungsprojekte (Ökonomie), die Techniker müssen sich ein neues Verfahren einfallen lassen und die Marketer brauchen wieder neue Argumente, um das „neue“ Produkt wirtschaftlich zu vermarkten. Daß über allem die ökonomischen Erfolge der Unternehmen durchaus stimmen, kann man den veröffentlichten Bilanzen entnehmen.

Ein anderes Thema, das auch eine große Öffentlichkeit hat, ist die Verpackung. Ich nehme hier als Beispiel die Hersteller von Waschmitteln, die nicht nur aus Umweltschutzgründen auf den Einsatz von Phosphat verzichtet haben, sondern von denen auch interessante Angebote in der Werbung erscheinen: Konzentrate, die von der Hausfrau selber verdünnt werden, Nachfüllpackungen, die nicht nur die Weiterverwendung der Originalverpackungen erlauben, sondern die auch noch umweltfreundlich entsorgt werden können. Auch das sind Beweise für meine These, daß die Einbettung des Marketing in die gesellschaftspolitischen Entwicklungen nicht zu einer weltfremden Ideologie führen muß.

Zur „ökologischen Marktwirtschaft“ ist allerdings noch ein weiter Weg, wie die Süddeutsche Zeitung *) feststellt. Zwar beliefen sich die Aufwendungen der Wirtschaft für den Umweltschutz schon im Jahre 1987 auf über 6,8 Mill. DM, in der Hauptsache für die Luftreinhaltung (während die Öffentliche Hand hauptsächlich für den Gewässerschutz investierte), aber – so die kritische Feststellung – es waren Aufwendungen, die hauptsächlich produktivitäts-, qualitäts- oder erlössteigernd wirkten und die sich ohne weiteres im Preis-Leistungswettbewerb rechtfertigen ließen – wie es in einer Studie des Ifo-Institutes heißt.

Auch, daß die Maßnahmen zum Umweltschutz meist erst am Schluß des Produktionsverfahrens stehen – zum Beispiel in Form von Filtern –, kann noch nicht der Weisheit letzter Schluß sein. Bereits bei der Entwicklung von Produkten und erst recht von Verpackungen müßten Überlegungen dieser Art Platz greifen – auch dann, wenn man ethische Grundsätze mit einbezieht, zum Beispiel den Kampf gegen die Verschwendung, sowohl von Rohstoffen als auch von Energie. Die „neue Bescheidenheit“, die als Lebensform durchaus neben dem Hedonismus auftaucht, wird hier zum Umdenken zwingen, und die Elektronik mit ihren Möglichkeiten zur Steuerung von Materialaufwand und Produktionsverfahren wird es möglich machen.

Aber die Forderung nach Ethik und Moral geht ja noch weiter. Sie wird auch bei der Führung von Menschen eine größere Rolle spielen müssen als in früheren Jahren und Jahrzehnten. Menschen sind mehr als „das Personal“ oder gar nur ein Kostenfaktor in der Kalkulation. Wenn man die Forderung nach stärkerer Humanorientierung ernst nimmt, wird man weit über die gesetzliche Mit-

*) Quelle: Süddeutsche Zeitung vom 24. 4. 90 „Trübe Flüsse und dunstiger Himmel“

bestimmung hinaus Mitarbeiter an der Entscheidungsfindung beteiligen müssen. Unternehmerische Willensbildung war früher die Angelegenheit eines einzelnen, bestenfalls eines mehrköpfigen Vorstandes. Sie ist heute ein kooperativer Prozeß, in den weit mehr Menschen eingebunden sind.

Wie steht es mit kritischen Produkten, wie z. B. Zigaretten oder Schnaps – von Waffen gar nicht zu reden? Wird das sozialpolitische Thema der Arbeitsplätze auch weiterhin jede breite Diskussion darüber verhindern? Ich glaube es nicht, denn die ethisch-moralischen Wertvorstellungen der Menschen werden die Diskussion dieses Themas einfach erzwingen! Ich möchte hier nicht mißverstanden werden. Das Schaubild zum Beginn dieses Kapitels zeigt ganz klar: Wir werden auch weiterhin mit den Mitteln und Maßnahmen des Marketing unsere Aufgabe erfüllen, für den Absatz der Produkte unseres Unternehmens zu sorgen. Der Marketingregelkreis wird uns dabei helfen, ganzheitlich und strategisch zu denken. Aber darüber hinaus werden wir uns schon im konzeptionellen Stadium unserer Arbeit die kritische Frage stellen müssen, ob unsere Marktleistungen in Form von Produkten und Angeboten, aber auch in Form von Verpackungen und Service zu den Wünschen und Vorstellungen der Menschen passen, für die sie gedacht sind, und ob unsere Mitarbeiter voll und ganz hinter eben dieser Marktleistung stehen, aber auch hinter allen Maßnahmen und Methoden der Marktbearbeitung.

Diese Frage wird noch drängender, wenn wir uns selber dazu anhalten, die großen gesellschaftlichen Themen unserer Zeit bei der Konzeption für Produkte und Märkte zu berücksichtigen. Es ist in den vorgestellten Beispielen hoffentlich deutlich geworden, daß die Berücksichtigung aller relevanten Alternativen und Folgen ein mehrdimensionales Denken erfordert. Hier kann man nun wieder ein Instrument anbieten, nämlich das „Management vernetzter Systeme", wie wir es aus der Wertanalyse bereits kennen. Die Lokalisierung von Einflußgrößen, das Aufdecken der Abhängigkeiten, die Intensität der Einwirkungen – alles das läßt sich mit dieser Methode quantifizieren und damit auch diskutieren.

Auch hierfür suche ich ein möglichst allgemeinverständliches Beispiel. Es soll gleichzeitig darlegen, daß dieses vernetzte Denken im Spannungsfeld der vier Einflußgrößen beileibe nicht an die Wirtschaft und das Marketing gebunden ist, sondern auch andere Bereiche unseres Lebens betrifft, zum Beispiel die Politik.

Das Thema der Wirtschafts- und Währungsunion mit der DDR ist hochaktuell. Der Umtauschkurs der DM-West wurde heiß diskutiert: 1:1 oder 1:2? Oder wäre ein anderer Kurs noch viel realistischer gewesen? Bei vernetztem Denken müßte man die Alternativen und deren Folgen etwa so darstellen:

Alternative 1:

- Bei einem Umtauschkurs von 1:1 sind die Versprechen an die Bürger der DDR voll erfüllt. (Ethik und Moral)
- Andererseits wird das sehr negative Folgen für die Unternehmen in der DDR haben. Sie werden schlagartig dem harten und ungewohnten Wettbewerb ausgesetzt. (Ökonomie)
- Die erwartete Folge: Millionen von Arbeitslosen. (Sozialpolitik)
- Daß bei den veralteten Produktionsanlagen der DDR-Kombinate der Umweltschutz eine überragende Rolle für alle zukunftsorientierten Entscheidungen spielt, macht das Problem nicht einfacher. (Ökologie)

Alternative 2:

- Bei einem Umtauschkurs von 1:2 sind die Unternehmen in der DDR bessergestellt. Sie sind – in Maßen – wettbewerbsfähiger. (Ökonomie)
- Das würde bedeuten, daß auch die Zahl der Arbeitslosen geringer sein würde als bei der Alternative 1 (Sozialpolitik).
- Ob aber dieser Umtauschkurs politisch durchsetzbar war, ohne die Menschen tief zu enttäuschen, ist wieder eine andere Frage. (Ethik und Moral)

Vernetztes Denken von Anfang an anstelle eindimensionaler Wiedervereinigungs-Euphorie wäre hier sicher hilfreich gewesen.

In jedem Unternehmen gibt es ähnliche Situationen, sei es in der strategischen Planung, sei es bei der Entwicklung von Marktstrategien. Hier rechtzeitig und mit Simulationsmodellen auch das weitere Umfeld einzubeziehen und die möglichen Folgen so exakt wie möglich zu berechnen, wäre die neue Aufgabe des Marketingmanagers. Die dafür benötigten Informationen findet er – hoffentlich – in einer gut ausgebauten Umweltanalyse (s. Abschn. 3.3). Die technischen Möglichkeiten bietet ihm der PC auf seinem Schreibtisch mit einer individuell entwickelten Software, in der die Verknüpfung einzelner Datenbanken (z. B. des Marktinformationssystems mit dem Umweltinformationssystem) die rechnerische Darstellung ermöglicht.

Zwei Empfehlungen sollen allen denjenigen helfen, die sich – und andere – fragen, welchen Einstieg man finden kann in diese neue Form des Denkens und in diese neue Ebene der Unternehmensführung:

1. Wenn in einem Unternehmen solche Überlegungen und Philosophien wirklich Platz greifen sollen, dann muß ein Werte- und Kulturmanagement gleichberechtigt neben das wirtschaftliche Management treten. Man muß den Paradigmenwechsel wirklich wollen und sich – als Vorstand, Geschäftsführer oder Inhaber – an die Spitze der Bewegung stellen und nicht wertekonservativ verharren. Das kann dazu führen, daß aus einer neuen Unternehmenskultur ganz erhebliche Anstöße und Impulse für die erfolgreiche Wirtschaft – besonders der Absatzwirtschaft – erwachsen.
2. Man muß ganz schnell, ganz intensiv und ganz plakativ die Marketingabteilungen aus ihrer Servicefunktion herausholen und als *politische* Abteilung im Unternehmen etablieren. Der Marketingleiter wird dann ganz von selbst darauf angewiesen sein, Gleichgesinnte zu suchen, Kulturinseln aufzubauen und – wenn es paßt – auch zusammenzufügen. Er wird im Laufe der Zeit ein Netzwerk von Gleichgesinnten installieren.

Wenn die Voraussetzungen auf diese Weise geschaffen werden, wenn auf diese Weise ein Klima für das neue Denken entsteht, dann kann man unterstellen, daß auch die Marketingkonzeption in dieses Netz eingebettet sein und gerade deshalb langfristig erfolgreich sein wird.

Marktorientierte Unternehmensführung als Maxime des Marketing muß dann zwei Forderungen erfüllen:

1. Wir müssen Marketing ganzheitlich und damit strategisch sehen und auch die gesellschaftspolitischen Entwicklungen in unsere Konzeptionen einbeziehen.
2. Wir müssen bisher bekannte Wege mutig verlassen und die Elemente des Marketing neu definieren, weil die alten, eingelernten Antworten nicht mehr passen. Mehr vom Gleichen – diese Maxime gilt nicht mehr.

7.2 Das neue Denken konsequent umsetzen

Welche Auffassung von Marketing herrscht in Ihrem Unternehmen? Ist es noch die rein instrumentelle/absatzorientierte Definition, die sich dann auch in den Stellenbeschreibungen der Produktmanager wiederfindet? Eine typische Definition von „Marketing" aus dieser absatzorientierten Phase lautete so:
„Marketing ist der marktorientierte Totaleinsatz eines Unternehmens für einen ertragreichen Absatz".

Der ertragreiche Absatz steht hier eindeutig im Vordergrund, dafür – und nicht etwa für die Befriedigung von Bedürfnissen des Marktes – soll sich das Unternehmen total engagieren.

Der erste Schritt wäre wohl, solche oder ähnliche Aussagen abzulösen durch eine neue, zeitgemäßere Definition, die ich so formulieren möchte:

Marketing ist eine
- in die gesellschaftspolitische Entwicklung eingebettete,
- auf die Menschen als Mitarbeiter und Kunden gerichtete
- und auf den Absatzmarkt bezogene
- Denkweise zur erfolgreichen Führung von Unternehmen.

Wenn allerdings diese Definition nur in der Marketingabteilung als Sinnspruch an der Wand hängt, wird man damit keine neue Bewegung auslösen können. Seiner neuen Aufgabe entsprechend müßte der Marketingleiter jede Chance benutzen, diese neue Definition zu publizieren, z. B. in Besprechungen und Schulungen, aber auch in der Firmenzeitung oder am Schwarzen Brett. Er muß ebenso jede Gelegenheit benutzen zu erklären, was sich hinter den kurzen, aber so inhaltsreichen Formulierungen verbirgt. Nur dann hat er die Chance, Bundesgenossen zu gewinnen.

Seine wichtigste Aufgabe aber wird sein, seine Mitarbeiter zu motivieren, dieses neue Denken zu akzeptieren und sich bei allen Einzelaufgaben danach zu richten. Zum Beispiel:

In der Produktpolitik

- Wir brauchen Produkte, deren Nutzenversprechen so eindeutig ist, daß sich alle im Unternehmen damit identifizieren können und daß auch die Verbraucher/Verwender deutlich spüren: Hier hat man an mich und meine Probleme gedacht.
- Wir brauchen Produkte, die auf die steigende Sensibilität für Umweltfragen eine Antwort haben. Das betrifft nicht nur die verwendeten Rohstoffe und das Fabrikationsverfahren, sondern vor allem die Verpackung.
- Wir brauchen Produkte, die auf die veränderten Lebensstile der Menschen eingehen. Das heißt einerseits, die Chance zur Individualisierung bieten, und andererseits eine bestimmte Gruppenzugehörigkeit ausdrücken lassen. [5)]
- Wir brauchen Produkte, die nicht mehr auf das „Haben" Bezug nehmen (Besitzmotivation), sondern auf das „Sein" (Lebensstilmotivation). Dazu gehören auch Produkte, die auf den steigenden Trend zu Geselligkeit und sozialem Konsum antworten.

- Wir brauchen Produkte, die schon beim Einkauf, erst recht aber bei der Verwendung „Erlebnisse" vermitteln.

In der Sortimentspolitik

- Wir brauchen sinnvolle Bedarfsbündelungen, die ihrerseits wiederum bestimmte Erlebnisse vermitteln und Lebensgefühle ansprechen. Daß diese neuen Sortimente auch ein entsprechendes Umfeld bei der Vermarktung brauchen, ist ein zusätzliches Problem im vertikalen Marketing.
- Wir brauchen aber auch Sortimente, die von dem schnell wechselnden Lebensstil bestimmt sind und ebenso schnell wieder ausgetauscht werden können. Das spricht die Betriebswirtschaft an mit Losgrößen, Pay-out-Zeiten für Investitionen, Werkzeugkostenumlagen etc.
- Wir brauchen deshalb Sortimente, die weniger als heute von der Betriebswirtschaft bestimmt werden als von den neuen Erfordernissen des Marktes.
- Wir brauchen aber auch Sortimente, die in ihrer Gesamtheit Problemlösungen für den Käufer/Verwender darstellen.

In der Servicepolitik

- Wir brauchen Serviceangebote, die dem Verbraucher/Verwender eine Hilfestellung beim Konsumieren/Verwenden andienen und deshalb einen zusätzlichen Kaufanreiz darstellen. Software und Service müssen das reine Produktangebot abrunden und anreichern.
- Wir brauchen Serviceangebote, die aus der objektiven Vergleichbarkeit von Produkt und Preis herausführen zur subjektiven Leistungsdifferenzierung durch Problemlösungen und Dienstleistungen.

In der Zielgruppenpolitik

- Wir brauchen die Ablösung alter, quantifizierbarer Zielgruppendefinitionen durch neue, psychologische und auf den Lebensstil bezogene Beschreibungen. Das bedeutet auch die Abkehr von eher eindimensionalen Bestimmungen (z. B. nach Alter oder Geschlecht oder Einkommen) zu eher kombinierten Zielgruppendefinitionen aus soziodemographischen, sozioökonomischen Kriterien einerseits mit den neuen, verhaltensorientierten Aspekten andererseits.

In der Kommunikationspolitik

- Wir brauchen eine deutlich stärkere Ansprache der neuen definierten Zielgruppen mit ihren Lebensstilen und ihren Bedürfnissen nach Individualisierung einerseits und Gruppenzugehörigkeit andererseits.
- Wir brauchen verstärkt das Versprechen von bestimmten Erlebnissen und Lebensgefühlen anstelle von Besitzwunsch und Konsum.
- Wir brauchen neue Werbeaussagen, die die Corporate Identity des Unternehmens transportieren und den Käufern und Verwendern sagen, warum sie gerade dieses Produkt von gerade diesem Unternehmen kaufen sollen.
- Wir brauchen – und das ist die Kehrseite der Medaille – immer weniger die reine Selbstdarstellung von Unternehmen und die reine Produktbeschreibung mit ichbezogenen Argumenten und einem „günstigen Preis".

In der Verkaufsorganisation

- Wir brauchen Verkäufer, die es gelernt haben, in langfristigen Kategorien zu denken, z. B. in Marktbesitz und Kundenbindung. Demgegenüber treten die vordergründigen Argumente für Qualität und Preise deutlich in den Hintergrund. Sie sind selbstverständliche Voraussetzung – nicht mehr.

- Wir brauchen Verkäufer, die ein Konzept verkaufen können, die zum Beispiel den Absatzmittlern oder Verbrauchern/Verwendern den Zusammenhang erklären können zwischen dem Lebensstil einer Zielgruppe und dem Sortiment, das wir dafür zu bieten haben.

In der Wahl der Vertriebswege

- Wir brauchen Vertriebswege, mit denen wir unsere neuen Zielgruppen auch tatsächlich erreichen. Welche Einkaufsstätten präferieren sie? In welcher Umgebung und bei welchen Absatzmittlern erwarten sie denn unsere Produkte? [5)]
- Wir brauchen aber auch Absatzmittler, die nicht nur Rabatte einkaufen, sondern ebenfalls Konzeptionen, die auch bereit sind und in der Lage, unser Marketing aufzunehmen und durch eigene Aktivitäten noch zu verstärken.
- Wir brauchen vielleicht auch neue Zugangswege zum Markt. Die phantasievolle Ausnutzung solcher Chancen wird uns ja allen tagtäglich demonstriert mit den Selfliquidators in den Kaffeeläden! Aber auch Teleshopping, Kosmetik an der Haustür, Geld aus dem Automaten sind solche phantasievollen neuen Wege.

Ich habe mich beschränkt auf die eher kreativen Elemente der Marktstrategie, die von den neuen Entwicklungen besonders betroffen sind oder sie sogar ausgelöst haben. Die Liefer- und Lagerpolitik ist dagegen eine sehr sachliche Angelegenheit, die Preise und Konditionen folgen anderen Gesetzmäßigkeiten und weniger den gesellschaftspolitischen Zusammenhängen, und die Verkaufsförderung ist eher eine Folge neuer Orientierungen in den Vertriebswegen, aber nicht notwendigerweise ein Auslöser.

Die Vernetzungsmatrix = die Abhängigkeit der Strategieelemente untereinander.

	1. Produktpolitik	2. Sortimentspolitik	3. Servicepolitik	4. Zielgruppenpolitik	5. Kommunikationspolitik	6. Verkaufsorganisation	7. Vertriebswegepolitik	ε aktive	Verhältnis aktive:passive
1. Produktpolitik		2	2	2	2	2	2	12	12: 5
2. Sortimentspolitik	2		2	2	2	2	2	12	12: 7
3. Servicepolitik	0	2		2	2	2	1	9	9:10
4. Zielgruppenpolitik	2	2	2		2	2	2	12	12: 6
5. Kommunikationspolitik	0	0	0	0		1	0	1	1: 9
6. Verkaufsorganisation	1	1	2	0	1		2	7	7:11
7. Vertriebswegepolitik	0	0	2	0	0	2		4	4: 9
ε passive	5	7	10	6	9	11	9	57 ∅ 8,1	

2 = beeinflußt stark . . .
1 = beeinflußt schwach . . .
0 = neutral

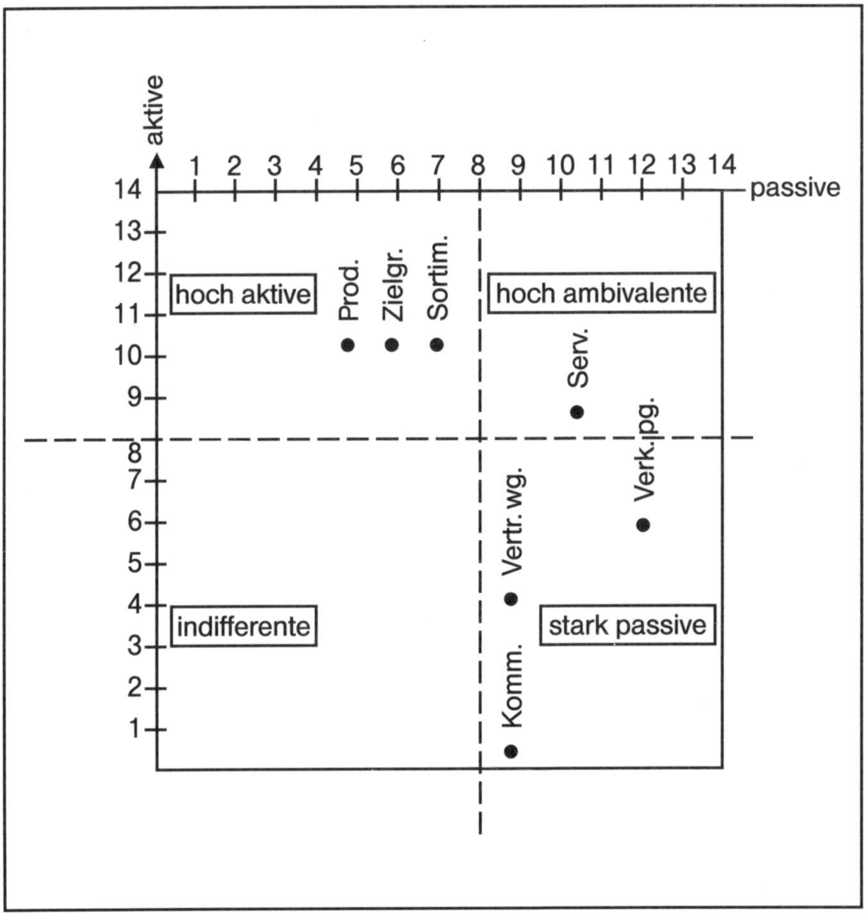

Abb. 18: Das Vernetzungsgitter = die Position der Strategie-Elemente

Stellt man sich auch die Elemente der Marktstrategie als vernetztes System vor, dann zeigt sich mit großer Deutlichkeit:

- Die Zielgruppenpolitik,
- die Produktpolitik,
- die Sortimentspolitik,
- die Servicepolitik

sind als Elemente der Marktleistung hoch aktive oder sogar hoch ambivalente Elemente. Das heißt: Sie beeinflussen stark alle anderen Elemente oder beeinflussen sich gegenseitig.

- Die Verkaufsorganisation,
- die Vertriebswegepolitik,
- die Kommunikationspolitik

als Elemente der Marktbearbeitung sind stark passive Elemente und werden von allen anderen deutlich beeinflußt. Fazit: Keines der Elemente kann isoliert für sich betrachtet und geformt werden, alle stehen in einem unauflöslichen Zusammenhang. Dieser Zusammenhang wird noch deutlicher und noch zwingender, je eindeutiger die Produkte sind, je eindeutiger sie für bestimmte Zielgruppen zugeschnitten sind und je eindeutiger die Begründung in Form der Corporate Identity ist, die hinter den Produkten sichtbar werden soll. Das ist das Neue in der Entwicklung zum ganzheitlichen Marketing: Nichts darf mehr oberflächlich bleiben, nichts darf mehr konturlos sein; kein Produkt, kein Angebot, keine Werbung, ja – kein Unternehmen darf mehr im großen Brei der allgemeinen Angebote untergehen, wenn es erfolgreich sein will.

In Diskussionen mit Managern aus den Ostblockstaaten wird immer wieder die Frage aufgeworfen, ob man nicht sofort den letzten Stand der Erkenntnisse ansteuern sollte und gleich ein ganzheitliches Marketing, zumindest aber das konzeptionelle Denken mit Hilfe des Marketingregelkreises praktizieren könnte. Ich bin hier anderer Meinung. Es scheint mir nicht sinnvoll zu sein, Mathematik zu studieren, bevor man nicht Rechnen gelernt hat. Alle Schritte in Richtung des konzeptionellen und ganzheitlichen Denkens müssen – meiner Meinung nach – nacheinander gegangen werden, bevor man sich der letzten Stufe nähert. Das will ich begründen:

- Was hätte es für einen Sinn, über eine optimale Distribution zu diskutieren, bevor man nicht konkurrenzfähige Produkte zum Distributieren hat?
- Was hätte es für einen Sinn, alle Bemühungen auf ein bestimmtes Marktsegment zu konzentrieren, bevor man nicht brauchbare Instrumente hat, um diese Teilmärkte auch zu bearbeiten?
- Was hätte es für einen Sinn, den Marketingregelkreis als Denkmodell zu benutzen, bevor man nicht alle Instrumente, Methoden, Maßnahmen beherrscht, die zur Umsetzung dieses Denkmodells dienen?

Und so kann man von Stufe zu Stufe weiterfragen: Was hätte das für einen Sinn . . .? Ich plädiere deshalb eindeutig dafür, alle Schritte in der richtigen Reihenfolge zu gehen.

Unabhängig davon ist das Tempo, das eingeschlagen werden kann oder muß. Wir hatten in der Bundesrepublik Deutschland dreißig Jahre Zeit dafür und entwickeln uns langsam in die letzten Stufen hinein. Viele Firmen haben vielleicht einen Nachholbedarf und sind in dieser oder jener Stufe steckengeblieben. Das läßt sich durchaus durch erhöhtes Tempo aufholen. Im Beispiel der Anbieter aus den osteuropäischen Märkten wird es uns allen besonders deutlich: Dort wird man zunächst einmal konkurrenzfähige Produkte schaffen müssen, um im Home market – gegen die einströmende westliche Konkurrenz – oder sogar im Exportmarkt – gegen dort etablierte Wettbewerber – bestehen zu können. Dann allerdings wird das Tempo der Entwicklung sehr groß sein müssen, um schnell den Anschluß zu gewinnen.

Und wo steht Ihr Unternehmen auf dem Weg zum ganzheitlichen Marketing (Abb. 19)? Gehen Sie jetzt zurück in das erste Kapitel und beantworten Sie ehrlich und ohne Beschönigung die Frage

①	②	③	④	⑤	⑥	⑦	⑧	⑨	⑩
Die bewußte und nutzenorientierte Gestaltung der Produkte und ihres Umfeldes	Die optimale Organisation der Distribution der Produkte auf ihrem Weg vom Hersteller zum Verbraucher.	Die intensive Optimierung aller Funktionen im Unternehmen, die mit der Vermarktung zusammenhängen.	Die gut überlegte Gestaltung aller Instrumente, die der Vermarktung dienen sowie ihre Kombination und Koordination zum Marketingmix und die Bestimmung der Intensität im Einsatz.	Die Auswahl und eindeutige Beschreibung der bearbeiteten Marktsegmente, ihre Erforschung sowie die Abstimmung aller Instrumente auf diese Marktsegmente.	Die Anwendung des Marketing-Regelkreises und seiner Denkweise als geschlossenes System bei der Lösung aller Aufgaben um ein absatzwirtschaftliches Problem (Produkt im Markt).	Die Hinwendung zu neuen Formen in den Lebensstilen der Menschen und die Entwicklung von Produkten, die zu diesen Lebensstilen passen. Die Abstimmung der Kommunikation auf diese neuen Menschen und ihre neuen Lebensformen.	Die Entwicklung einer Corporate Identity für das ganze Unternehmen. Sorgfältige Abstimmung aller Marketing-Konzeptionen auf diese Identity, vor allem auf die gemeinsam erarbeitete und beschlossene Unternehmensphilosophie.	Das Einbeziehen der großen gesellschaftlichen Trends in die Unternehmenspolitik. Ausrichten aller Marketing-Konzeptionen auf diese Entwicklungen.	Die Installation des Marketing als politische Abteilung im Unternehmen mit einer neuen Aufgabe, die Schritte 6–9 sicherzustellen.

10 Schritte zum „ganzheitlichen Marketing“

Abb. 19: 10 Schritte zum „ganzheitlichen Marketing“

aus der Überschrift. Aus den – hoffentlich – zahlreichen Notizen in den acht Arbeitsbögen läßt sich dann sicherlich ein Maßnahmenkatalog formulieren als Kursbuch für die Fahrt in die schon sichtbare Zukunft.

Das bezieht sich auf alle Unternehmen jeder Art und Größe. So wie auch in den vergangenen Jahrzehnten ein gekonntes Marketing keine Frage von Branche oder Größe des Unternehmens war, sondern eher eine Frage der unternehmerischen Grundhaltung, so ist auch die Weiterentwicklung zum ganzheitlichen Marketing nicht an solche Kriterien gebunden – viel mehr allerdings an eine bewußte Hinwendung zu den sichtbaren und geschilderten Entwicklungen. Sie sind ja keine Erfindungen der Marketer, um mit deren Hilfe die Produkte noch besser in den Markt zu kriegen, sondern breite, in allen Lebensbereichen sichtbare Ströme, mit denen wir Schritt halten müssen, um erfolgreich zu bleiben. Das wird der Inhalt des letzten Kapitels sein.

Zusammenfassung:
Ökonomie/Ökologie/Sozialpolitik/Ethik und Moral bilden ein Netz, in dem eine Marketingkonzeption eingebettet sein muß, um erfolgreich zu sein. Damit verläßt Marketing endgültig den engen Rahmen eines absatzpolitischen Instrumentes und wird zur umfassenden, ganzheitlichen Konzeption. Diese aber gilt es, konsequent umzusetzen.

Arbeitsbogen Nr. 8:

1. Beantworten Sie zunächst – in Stichworten – diese zwei Fragen:
   - Welche Anforderungen ergeben sich für unser Unternehmen aus der gesellschaftspolitischen Einbettung des Marketing?
   - Welche dieser Anforderungen sind erfüllt – welche nicht?
2. Skizzieren Sie dann – in Stichworten –, welche Einzelaufgaben angegriffen und/oder erfüllt werden müssen, um die noch offenen Anforderungen zu erfüllen.

Anforderungen / Aufgaben / Bereiche	Anforderungen		Aufgaben
	erfüllt	nicht erfüllt	

Teil III: Den Wandel wirklich wollen

Drei grundsätzliche Überlegungen möchte ich diesem Teil III voranstellen:

1. Es ist wohl deutlich geworden, daß wir es nicht mit einer vollständigen Ablösung des alten Marketing durch vollständig neue Elemente zu tun haben:

- Die bekannten Instrumente, Methoden und Maßnahmen werden uns auch weiterhin als Werkzeuge dienen müssen.
- Es werden einige neue Werkzeuge dazu kommen, wie z. B. die Corporate Identity und Life-Style-Orientierung oder auch die Verschiebung der Prioritäten in der Marktforschung von den eher quantitativen zu den mehr qualitativen Kriterien.

Alte und neue Werkzeuge zusammen werden allerdings in einen neuen Zusammenhang gestellt werden müssen. Nicht die Werkzeuge sind es, sondern eine andere Denkweise ist es, die zu der neuen Definition des „ganzheitlichen Marketing" führt.

2. Diese neue Denkweise ist allerdings so gravierend anders als alles andere vorher, daß ich mit Bedacht den Begriff „Revolution" gewählt habe:

- Das Aufgeben der alten, instrumentellen Eindimensionalität,
- die Abkehr von der reinen Zielorientierung und von dem Glauben, alles sei machbar,
- die verstärkte Hinwendung zu den Interessen, Gefühlen, Motiven, Lebensweisen der Menschen,
- die Ausrichtung auf die großen gesellschaftlichen Trends,

das alles ist doch so umwerfend neu, so revolutionierend für unsere Disziplin Marketing, daß man von einer neuen Ebene in der Entwicklungsspirale sprechen kann, die wir miteinander ansteuern.

3. Besonders wichtig erscheint mir dies: In der gesamten absatzorientierten Phase des Marketing waren wir Marketer es, die immer wieder aktiv neue Instrumente, Methoden und Maßnahmen entwickelt haben, um unsere Ziele zu erreichen und um unsere Strategien zu verwirklichen. Immer lag die Initiative bei uns, immer konnten wir „agieren". Bei den neuen Entwicklungen ist das erstmalig ganz anders: Die exogenen Faktoren bestimmen unsere zukünftige Arbeit und zwingen uns zu „reagieren". Das hat Folgen – wie wir in diesem Kapitel noch sehen werden: Wir werden selber zum Teil einer Entwicklung.

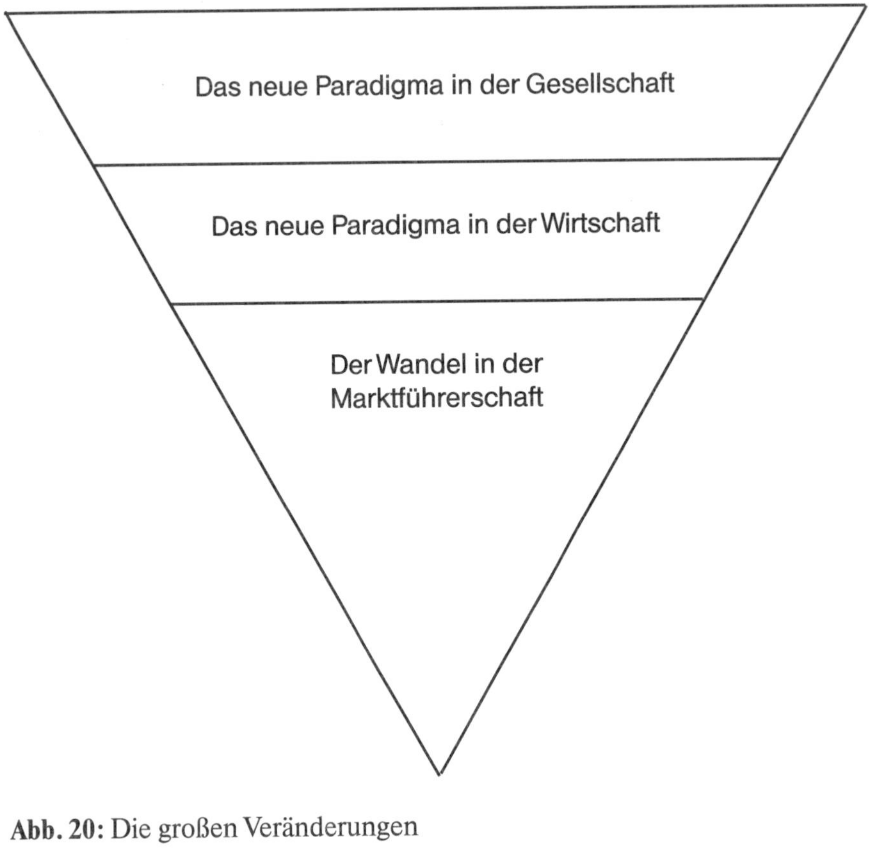

Abb. 20: Die großen Veränderungen

1. Das neue Paradigma in der Gesellschaft

Die mittelalterliche Wissenschaft versuchte ganzheitlich zu denken und Zusammenhänge zu sehen (Faust: „... daß ich erkenne, was die Welt im Innersten zusammenhält“). Auch in den asiatischen Philosophien ist das noch zu finden, am deutlichsten in der Heilkunst, die den Menschen „mit Leib und Seele“ als Ganzes nimmt und darauf Erkenntnisse aufbaut und Therapien ableitet. Dieses Denken ist uns verlorengegangen. *Fritjof Capra* [12)] hat uns hierüber die Augen geöffnet und auch die Gründe dafür genannt:

- das kartesianische Paradigma,
- das Newton'sche Paradigma.

Der Physiker und Philosoph *Descartes* (lat: Cartesius) prägte Mitte des 17. Jahrhunderts das Denken der Naturwissenschaftler für die nächsten 300 Jahre mit seinen Vorstellungen von der Wissenschaft als den ausschließlich beweisbaren Fakten. Das bedeutete letztendlich die Trennung von Naturwissenschaften und Geisteswissenschaften. Es begann die Suche nach den kleinsten Bausteinen dieser Welt, um zu verstehen, *woraus alles besteht.* Das wurde noch verstärkt durch die „Newton'sche Weltmaschine“, mit der der Mathematiker *Newton* hundert Jahre später ein sehr mechanistisches Weltbild entwarf mit dem Versuch zu erklären, *wie alles funktioniert.*

Das technische Zeitalter hatte damit seine hervorragende Grundlage gefunden, auf der es sich entwickeln konnte – bis zu dem Punkt allerdings, wo die Technik sich verselbständigte und begann, alles Machbare auch wirklich zu machen, ohne nach links oder rechts zu schauen und die Folgen zu antizipieren. Jetzt erst beginnt man zu zweifeln und zu diskutieren: Sollen wir die Atomenergie tatsächlich weiter ausbauen trotz der Erfahrungen mit

Tschernobyl? Sollen wir die Gentechnologie überhaupt von Gesetzes wegen zulassen? Sollen wir SDI, den „Krieg der Sterne“, wirklich anfangen? Ist es wirklich sinnvoll, für immer mehr Autos immer mehr Straßen zu bauen?

Und wir erleben als Zeitzeugen den großen Wandel im Denken mit, daß nämlich diese alten Paradigmen mehr und mehr abgelöst werden durch ein ganzheitliches Denken im Sinne von Wirkungen und Gegenwirkungen, im Bedenken von Alternativen und im Berechnen von möglichen Folgen. Es ist also nicht nur das Marketing (im Zentrum unserer Betrachtungen) und nicht nur die Betriebswirtschaft, die sich hier neuen Erkenntnissen stellen müssen. Es geht auch über die noch sehr faßbaren Vokabeln der Ökonomie, Ökologie, Sozialpolitik sowie der Ethik und Moral weit hinaus in Veränderungen, die sich in der Gesellschaft vollziehen und mit der sich auch die Philosophen der westlichen Welt auseinandersetzen.

Das ist eine ganz wesentliche Feststellung! Sie bedeutet nicht mehr und nicht weniger, daß wir eigentlich gar keine andere Wahl haben, als uns diesem neuen Denken anzupassen, so schnell es nur geht, um auf diese Weise wenigstens in die Spitzengruppe derer zu gelangen, die sich als Vorreiter bemühen, den Fortschritt mitzugestalten. Und wenn dieser harte Schnitt in unsere Ebene des Marketing erlaubt ist: die sich bemühen, für ihr Unternehmen zukünftige Entwicklungen in gegenwärtige Konzeptionen zu übertragen und Marktpositionen zu besetzen in Märkten, die noch viel zu sehr im Umbruch sind, um dort von planbaren Entwicklungen reden zu können.

Eine ganz unerwartete Hilfe haben wir in diesem Denken von den fernöstlichen Philosophien erhalten. Aus der Lehre des Tao ist das geforderte Gleichgewicht zwischen den Prinzipien des Yang (männlich orientiert) und des Yin (weiblich orientiert) bekannt geworden. Nun sagen uns die Chinesen schon seit langem voraus, daß wir seit etwa 200 Jahren im Ungleichgewicht leben zugunsten des Yang und daß – ihrer Lehre zufolge – die Yin-Orientierung in der nächsten Periode in den Vordergrund treten wird, um das Gleichgewicht wieder herzustellen. Auch dies ist eine Aussage von *Capra* [12], der uns ein neues Paradigma voraussagt mit den Elementen

- ganzheitlich
- ökologisch
- yin-orientiert.

Klingt das den Marketern zu theoretisch? Angesichts der folgenden Gegenüberstellung mit den Eigenschaften der beiden Prinzipien vielleicht schon nicht mehr:

Yang-orientiert	Yin-orientiert
• männlich • aggressiv • wachstumsorientiert • fordernd • wettbewerbsorientiert	• weiblich • bewahrend • empfänglich • intuitiv • kooperativ

Erkennen Sie – links – unser Leben in den letzten Jahrhunderten und Jahrzehnten wieder? Haben wir nicht alle genügend Beispiele in der Politik und in der Wirtschaft bei der Hand, um die Vokabeln mit Leben zu erfüllen? Von lokalen Kriegen oder Drohgebärden im kalten Krieg bis zu unfreundlichen Übernahmen und harten Konkurrenzkämpfen in der Wirtschaft? Ist nicht auch heute noch ein zielorientierter Manager ein guter Manager? Fallen uns nicht auch ebenso viele Beispiele ein für die rechte Seite – von neuen

Formen des Umgangs miteinander über die Freude, wieder Gefühle zu zeigen bis zur Betonung der Kreativität, Buntheit, Spontaneität in unserem Leben? Kein Wunder, daß die Frauen in der Wirtschaft auf dem Vormarsch sind: Sind es doch genau diese Eigenschaften, die sie einbringen können und genau die sind nun gefragt! Der „neue Mann" gehört genauso hierher wie die orangefarbenen und himmelblauen Waggons der Bundesbahn, die bunten Krawatten der Männer (wenn sie überhaupt welche tragen) genauso wie der Abbau der Feindbilder: Stell Dir vor, es ist Krieg und keiner geht hin – heute durchaus vorstellbar!

Das ist weit mehr als die so häufig apostrophierte stärkere Beanspruchung der „rechten Gehirnhälfte" mit den Aufgaben der Intuition und der Emotion. Auch das ist ja nur eine Erklärung für das dahinterliegende Phänomen des Paradigmenwechsels. Das ist der echte Wertewandel im Gegensatz zu dem, was man an vordergründigen Erscheinungsformen häufig dafür hält.

So auch bei dieser Art der Betrachtung: Es nutzt nichts, wertekonservativ zu verharren und rückwärts zu schauen. Der Abstand zu der sichtbaren Entwicklung wird nur immer größer werden.

Es gehört noch nicht einmal mehr sehr viel Mut dazu, den Sprung in diese neue Dimension zu wagen – Beispiele sind um uns herum schon vielfach sichtbar:

- Wenn ein bekannter Hersteller von Damenstrümpfen nicht mehr mit Produkten und Preisen wirbt, sondern mit den „Wings of Phantasy", mit denen er seine Kundinnen in eine neue Welt entführen möchte,
- wenn die bekannten Zigarettenmarken mit dem Gefühl von Freiheit und Abenteuer werben und eine es sogar verbal ausdrückt mit „What a feeling",

- wenn wir überall in Einkaufspassagen und sogar schon in Lebensmittelgroßmärkten dem „Erlebnishandel“ begegnen (im Gegensatz zum „Versorgungshandel“),
- wenn André Heller uns mit dem „Circus Roncalli“ in das Reich der Phantasie entführt anstelle von technisch-artistischen Höchstleistungen,
- wenn in der neueren Marketingliteratur vom „sanften Marketing“ [13] gesprochen wird oder von der Aufforderung „Die Zukunft inszenieren“[14] oder von den „Konsequenzen aus dem Paradigmawechsel des Konsumenten“, [15]

wenn – wenn – wenn ... So viele Signale weisen den Weg in die richtige Richtung. Haben Sie sich auch schon aufgemacht?

2. Das neue Paradigma in der Wirtschaft

Es wäre wohl unrealistisch, anzunehmen, daß das neue Paradigma in der Gesellschaft und daß alle geschilderten Veränderungen und Erweiterungen im Absatzbereich nicht auch zu direkten Folgen für das Verhalten von Unternehmen führen sollten. Wir haben ja mit dem Weg zum ganzheitlichen Marketing nur einen Ausschnitt beleuchtet und suchen jetzt nicht nur nach Begründungen dafür, daß er unabweisbar geworden ist, sondern auch nach Verhaltensregeln auf diesem Weg. Auch hierzu also einige Überlegungen.

Jeder interessierte Bürger kennt das Bruttosozialprodukt als Meßwert für die Wachstumsraten in unserer Wirtschaft. Wir haben alle zusammen diesen Wert als Fetisch aufgebaut: Die Politiker der jeweils regierenden Parteien benutzen ihn als Werbeargument für ihre Politik, die Gewerkschaften benutzen ihn als Begründung für

Lohnforderungen, die „fünf Weisen" erarbeiten ihn als Zielprojektion für die Regierung und stellen ihn jedes Jahr mit großem publizistischem Aufwand vor.

Und doch ist es gar nicht so lange her, daß man in politischen Kreisen heftig darüber gestritten hat, ob man diesen Wert als viertes Ziel überhaupt in die Wirtschafts- und Sozialpolitik einführen sollte! Der frühere Wirtschaftsminister und spätere Bundeskanzler *Ludwig Erhard* hat sich vehement dafür eingesetzt, das nicht zu tun! Nach seiner Überzeugung konnte das Wachstum des Bruttosozialproduktes bestenfalls ein Resultat sein aus der richtigen Politik in dem Dreieck aus

- Vollbeschäftigung
- Geldwertstabilität
- Zahlungsbilanzausgleich.

Liegt hier vielleicht schon eine Antwort auf unsere Frage verborgen: Wie schaffen wir die Balance aus der betriebswirtschaftlich notwendigen Zielsetzung (schließlich muß die Kasse stimmen!) und dem Eingehen auf neue Strömungen und Denkweisen?

Denn das ist wohl deutlich geworden: Auch in den Unternehmen und damit in der Wirtschaft muß ein neues Paradigma Platz greifen, wenn wir als Unternehmer und Marketer den neuen Erfordernissen gerecht werden wollen. Als Beleg für die Notwendigkeit fasse ich die Signale aus den vorangegangenen Kapiteln noch einmal zusammen:

- Wir leben im Zeitalter eines großen Wechsels in den Paradigmen der Gesellschaft.
- Die Ökologie steht heute gleichberechtigt neben der Ökonomie, sogar ein Führungswechsel ist zu erwarten.
- Auch andere gesellschaftspolitisch wichtige Werte treten mehr als bisher in den Vordergrund und verlangen von uns Mehrdimensionalität im Denken und Planen, das Berechnen von Alternativen und Folgen.
- Die Märkte einerseits und die zur Verfügung stehenden Maßnahmen und Methoden zu ihrer Bearbeitung andererseits sind so komplex geworden, daß alte, eingelernte Antworten nicht mehr passen.
- Im Marketing hat deshalb der eindimensionale Einsatz von Instrumenten dem gesamthaften Denken mit Hilfe des Regelkreises Platz gemacht. *Wilkes* [13]: „So wie Frieden nicht die Abwesenheit von Krieg bedeutet, so ist die Anwesenheit von Marketinginstrumenten nicht Marketing".
- Das bedeutet für das Marketing weiterhin: Die eindimensionalen Zielorientierungen werden abgelöst durch ein mehrdimensionales Denken in Abhängigkeiten und Folgen.
- Die verstärkte Hinwendung zu den Menschen als Mitarbeiter und Kunden zwingt uns zur Abkehr von der reinen Sachorientierung und zur stärkeren Rücksichtnahme auf das, was diese Menschen wirklich wollen.
- Die neuen Zielgruppen sind so beweglich und so „unfaßbar", so vielfältig in ihren Lebensweisen und Ausdrucksformen, daß sie sich der rein quantitativen Behandlung entziehen.
- Der Wandel in den Werten, denen sich die Gesellschaft verpflichtet fühlt, erzwingt auch einen Wandel in den Elementen der Marktleistung und Marktbearbeitung.

Panta rei – alles fließt – ist eine Erkenntnis der altgriechischen Philosophie. Das heißt aber: Es gibt keinen einfachen Fixpunkt mehr für eine Planung nach dem Motto: Wenn ... dann ..., sondern nur die Erkenntnis, daß wir alle ein Teil dieses Stromes geworden sind und uns ihm anvertrauen müssen, um nicht als Zuschauer ans Ufer getrieben zu werden.

Das ist sehr schwer, denn es verlangt: loslassen können – geschehen lassen – den Prozeß wichtiger nehmen als das Ziel! Wenn in dem schon als Beispiel genannten Stahlwerk ein Teilnehmer der Projektgruppe fragt: Werden wir damit auch nur eine Tonne mehr verkaufen? – dann lautet die ehrliche Antwort: Nein. Daß ein solches Denken, Planen, Handeln nicht einen unmittelbaren, erkennbaren Zweck hat – das ist sicherlich schwer zu begreifen.

Daß wir uns aber neuen Lebensformen und neuen Denkweisen in der Gesellschaft anpassen müssen, um auf Sicht erfolgreich zu sein – das ist doch sehr abstrakt und wird oft als reine Theorie empfunden. Der Zwang zur Ergebnisorientierung steht dem entgegen, die jahrzehntelange Gewohnheit, in den Kategorien von Aufwand und Ertrag zu denken, immer nur Antworten zu suchen auf die beiden Fragen: Woraus besteht das alles und wie funktioniert das?, aber niemals die Frage zu stellen, *warum das so ist und warum das so sein soll.*

Aber hier liegt auch die Chance, den vermeintlichen Konflikt aufzulösen zwischen dem Mitgehen im Strom, dem Sichanpassen an die neuen Entwicklungen einerseits und der auch weiterhin notwendigen Zielorientierung andererseits: Die Prioritäten müssen wechseln! Hier kann uns der Marketingregelkreis wieder eine Hilfe anbieten:

- In der Information und Analyse muß die Liste der Fragen erweitert werden, vor allem bei der Umweltanalyse, aber auch bei den qualitativen Fragen der Unternehmensanalyse.
- Dazu gehört auch die immer wiederkehrende Frage nach den Grundsätzen und Leitlinien, denen wir uns verpflichtet fühlen.
- Wenn auf diese Weise die Hintergründe für unsere aktuelle Aufgabe ausgeleuchtet sind, wenn unsere Einstellung einerseits und unsere Motivation andererseits stimmen (denken Sie an die Politik von *Erhard),* dann erst kann man daran gehen, Ziele zu formulieren. Vielleicht sind es andere als heute, vielleicht kommen Zielformulierungen mit hinein, die nicht streng sachbezogen sind, vielleicht sind sie nicht nur Unternehmens- (oder Unternehmer-)bezogen, sondern für alle akzeptabel. Aber eindeutig sollten sie sein – nach wie vor.
- Bei der Gestaltung der Marktstrategie und bei der Schaffung der Voraussetzungen (als zu beeinflussende Teile der Regelstrecke) zur Erreichung der Ziele wird dann immer wieder – mit Hilfe der Informationsprogramme – die strenge Ausrichtung aller Methoden und Maßnahmen auf die großen Hintergründe erfolgen müssen.

Fazit: Im ständigen Wechsel zwischen den aktuellen Erfordernissen einer Marketingkonzeption inclusive der eindeutigen Zielsetzung und den erweiterten Umfeldern entsteht das Optimum!

Das erfordert auch von den Unternehmern und Marketern eine neue Einstellung in der Führung von Menschen. *Robert Neumann* *) beschreibt sie so:

*) Quelle: *Robert Neumann* „Vernetztes Denken im Umgang mit komplexen Problemsituationen". Hernsteiner Nr. 4/89

- Soziale und kommunikative Kompetenz im Umgang mit Menschen,
- die Fähigkeit, komplexe Problemsituationen überhaupt zu erkennen,
- das Schaffen von Voraussetzungen für Lernen, Entwicklung, Flexibilität.

Wie weit entfernt sind solche anspruchsvollen Anforderungen von der Denkweise in amerikanischen Firmen, die ihre Manager nach der Qualität von Vierteljahresbilanzen beurteilen! Fortschrittliche Personalchefs in fortschrittlichen Firmen suchen Führungskräfte schon lange nach solchen Kriterien wie oben aus. Erfolge auf diesen Gebieten kann man allerdings nicht abzählen, man kann sie nicht als quantifizierbare Ziele einer Periode voranstellen. Hier darf ich noch einmal Herrn *Goethe* zu Hilfe bitten: „Wer immer strebend sich bemüht, *den* wollen wir erlösen!" Er hat es gewußt – und wir haben es immer falsch betont.

Wenn wir – im Teil II – von dem Tempo des Wandels sprachen, dann darf man im Unternehmen die Frage stellen: Besitzen unsere Manager und das ganze Unternehmen die Fähigkeit, dieses Tempo mithalten oder sogar wesentlich gestalten zu können? *(E.K. Geffroy).* Haben wir den Mut und die Fähigkeiten, die Prioritäten in immer schnelleren Abständen zu prüfen und ggf. neu zu definieren? Auch daran wird man Manager und Marketer in Zukunft stärker messen müssen.

3. Marktführer heute und in Zukunft: Der Konsument und Kunde

Eine wichtige Schlußfolgerung bleibt übrig zu ziehen: Wohin wechselt die Marktführerschaft? In der gesamten absatzorientierten Phase des Marketing – so meine Behauptung – war das der

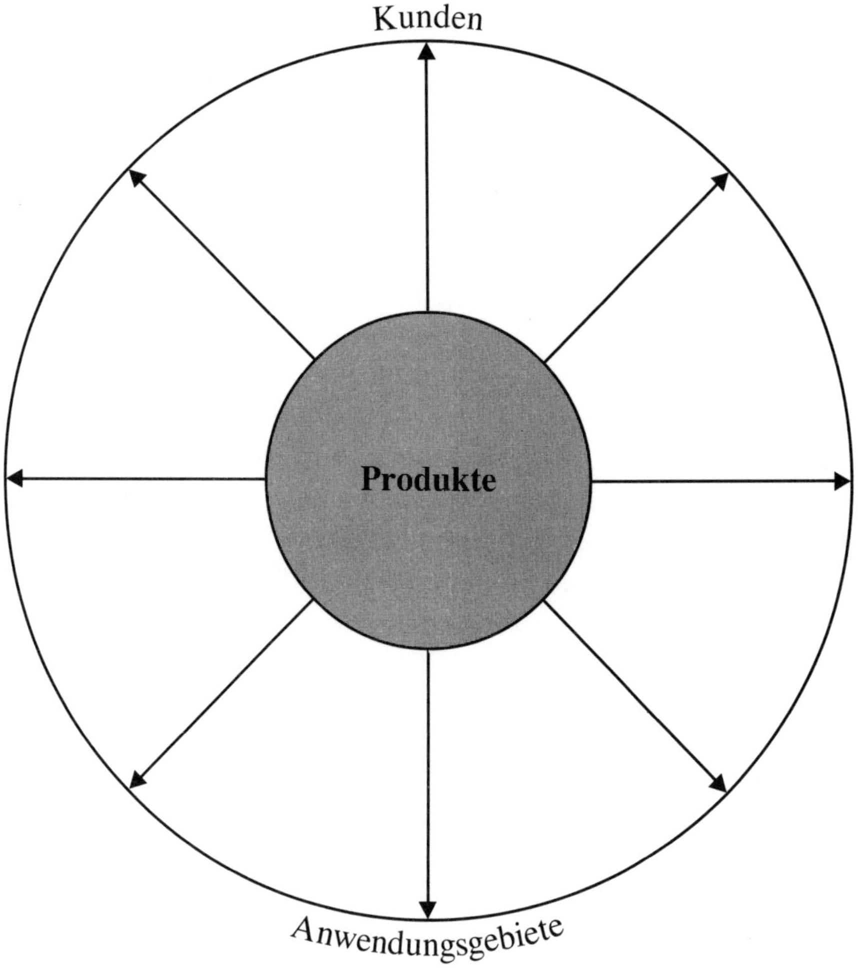

Abb. 21: Immer neue Kunden und neue Anwendungsgebiete für das Produkt finden [9)]

Produzent. Immer wieder ging es um die Aufgabe, Produkte zu verkaufen, immer wieder ging es darum, neue Kunden und neue Anwendungsgebiete für das Produkt zu finden (Abb. 21). Mein provokatives Schlagwort vom „Produkting“ kennzeichnet diese ganze Epoche.

In der heutigen Überflußgesellschaft und seit dem Beginn der Phase der verstärkten Humanorientierung ist dies grundlegend anders. Konsumenten und Verwender bestimmen mehr und mehr das Bild, sie wählen selbstbewußt und zur Stärkung ihres individuellen Lebensstils Produkte aus, die zu ihnen passen, die ihnen Freude machen, die im Trend liegen. Die Markentreue schwächt sich ab, Stimmungen sind wichtiger als technisch/physikalisch/chemische Eigenschaften eines Produktes, Qualität ist kein Wert an sich mehr. Auch dies ist eine der großen Veränderungen, die es gilt zu akzeptieren: Marktführer ist heute und in Zukunft der Konsument!

Addieren wir zu dieser Feststellung die Aussage aus dem Kapitel 2, daß wir selber Teil eines breiten und schnellen Entwicklungsstromes geworden sind, so schälen sich aus diesem Scenario die zukünftigen – jetzt echt marktorientierten – Aufgaben des Marketing fast von selbst heraus:

- Diesen Strom und seine unterschiedlichen Entwicklungen und Tempi sorgfältig zu beobachten und zu analysieren, schnell zu sein in den Schlußfolgerungen: Was ist „in“, welche Problemlösungen und Dienstleistungen sind gefragt?
- Diejenigen Trends zur sorgfältigen Beobachtung auszuwählen, die für das Produkt, für das gesamte Angebot von Bedeutung sind. Nicht nur die Trends in der Ernährung, in der Bekleidung, beim Wohnen, beim Sport oder in der Freizeit, sondern vor

allem die dahinterliegenden Trends, wie z.B. gesund leben, jung bleiben, frei sein, Neues ausprobieren, anders sein. Das bedeutet auch, Kontakte aufzubauen zu Marktforschern, die diese Trends im Gesamtmarkt breit beobachten und auswerten und die Ergebnisse kommerziell anbieten.

- Das kann man sicher nicht auf breiter Front. Für welche der neuen Zielgruppen sind denn Ihre Produkte interessant? Für welche Menschen stellen sie in ihrer Gesamtheit aus Hardware, Software und Service eine Problemlösung dar? Zu welchen Lebensstilen sind sie passend? An welche Menschen denken Ihre Produktentwickler und Werber bei der Konzeption eines neuen Angebotes?
- Wenn diese Zielgruppen ausreichend definiert sind, dann muß sichergestellt werden, daß immer wieder neue Problemlösungen und Dienstleistungen für sie entwickelt und angeboten werden können (Abb. 22).
- Das muß schnell gehen! Trends wechseln häufiger als früher, Zielgruppen verändern sich, bilden sich neu, verschwinden auch wieder. Eine wesentliche Aufgabe für den neu orientierten Marketing-Chef ist es also, eine Organisation aufzubauen, die Flexibilität und Fixigkeit erlaubt
- und die auch genügend Echo im übrigen Unternehmen findet für ihre neuen Anforderungen an Produktion und Betriebswirtschaft, die ja wiederum aus neuen Anforderungen des Marktes resultieren.
- Über die neue politische Aufgabe der Marketingabteilung bei der Beeinflussung der Unternehmenskultur ist schon gesprochen worden. Nur wenn dieser neue Blick auf das Marketing im ganzen Unternehmen Platz gegriffen hat und akzeptiert wird, kann es seine zukunftsorientierte Aufgabe auch wirklich erfüllen.

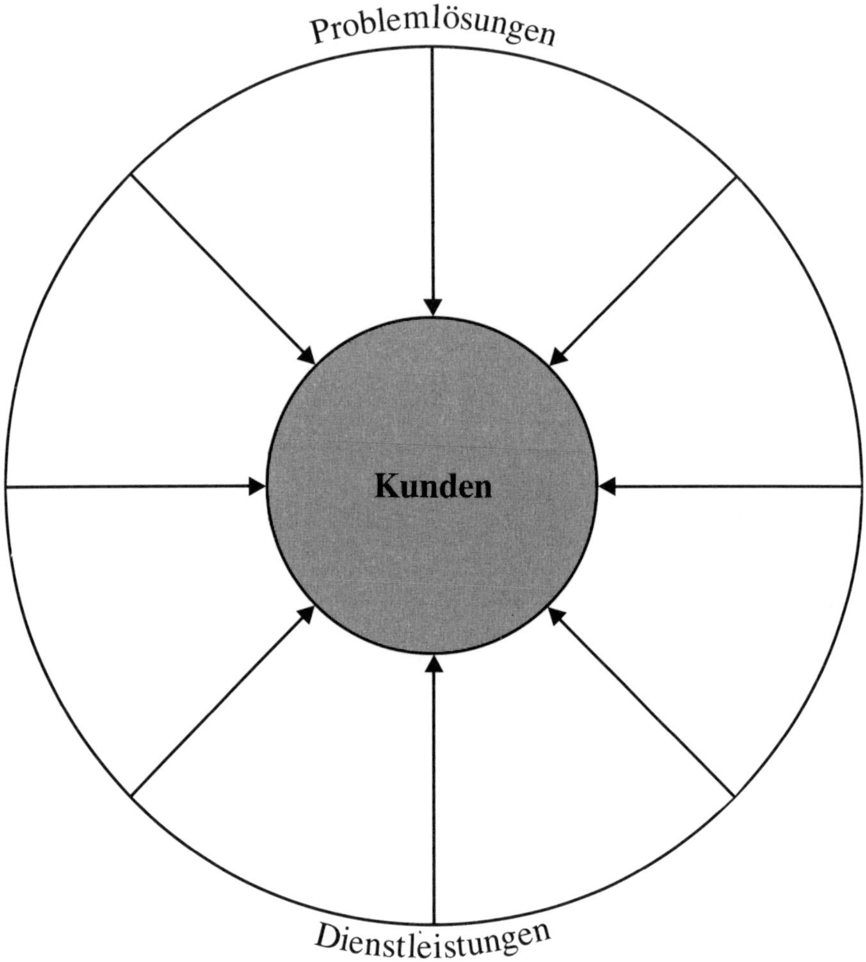

Abb. 22: Immer neue Problemlösungen und Dienstleistungen anbieten [9]

„Und so beginnt ein evolutionärer Prozeß, in dem Anbieter und Nachfrager sich miteinander verbinden und zu Partnern werden. Das Gestalten von Interaktion, Kommunikation und Kooperation zwischen diesen Subsystemen wird im Zentrum der künftigen Bemühungen stehen." [*]

[*] Mag. M. *Dikany:* Über die Grenze gehen, Hernsteiner Nr. 4/1989

Dieses neue, kundenorientierte Ausrichten aller Bemühungen betrifft nicht nur Konsumenten und Verwender von Massenartikeln. Es betrifft genauso die Käufer von Maschinen und Anlagen, von Investitionsgütern aller Art. Auch hier gilt: Qualität ist kein Wert an sich mehr! – sondern die Frage: Welcher Produzent/Händler/Vertreter/Verkäufer trifft meine ganz persönliche Problemlage am besten?

Für den Anbieter solcher Leistungen gilt:

- Welche Probleme hat eigentlich mein Partner?
- Welche Dienstleistungen erwartet er eigentlich?
- Welche Chancen läßt er eigentlich ungenutzt?

Miller/Heiman [15] unterscheiden noch zwischen vier ganz unterschiedlichen Gesprächspartnern und Kaufbeeinflussern mit ganz unterschiedlichen Grundhaltungen und ganz unterschiedlichen Motiven:

- dem Entscheider,
- dem Anwender,
- dem Wächter,
- dem Coach.

Jeder von ihnen profitiert auf eine ganz andere, ganz persönliche Weise von unserem Angebot, und das zu erzielende wirtschaftliche oder technische Resultat der von uns angebotenen Investition hat auf dieser persönlichen Ebene ganz andere Hintergründe. Noch einmal *Miller/Heiman* :

Beispiele für persönliche Gewinne von Kaufbeeinflussern	
• behält Macht	• wird als Problemlöser betrachtet
• erhält Kontrolle über andere	• leistet einen wichtigen Beitrag für das Unternehmen
• kommt zu mehr Freizeit	• steigert die Motivation
• bleibt in seiner Position	• verschafft Anerkennung
• steigert die eigenen Fertigkeiten	• steigert das Wachstumspotential
• steigert die eigene Produktivität	• sichert den sozialen Status
• erhöht die Karrierechancen	• macht freier, flexibler
• verschafft mehr Zeit für die Familie	• macht sicherer
• verhilft zu mehr Macht	• sichert die Qualität der eigenen Leistung
• steigert die Selbstachtung	• enthält Einmaliges
• wird als Führer anerkannt	• hilft, eine Schuld abzutragen
• erhöht Verantwortung und Autorität	• verschafft mehr Freiheit
• sichert den eigenen Lebensstandard/-stil	• verhilft zu höherem Ansehen

Erst wenn der Verkäufer (als Synonym für alle Marktbearbeiter) diese ganz persönlichen Einstellungen kennt und herausgearbeitet hat, kann er erwarten, daß sein Gesprächspartner in dem Riesenkonzert nationaler und internationaler Anbieter ausgerechnet seine Stimme hört und sein Angebot präferiert.

Auch hier also der Wechsel in den Prioritäten von Produktorientierung zur Kundenorientierung, auch hier der Zwang, Verkäufer anders auszurichten und ihnen neue Inhalte ihrer Arbeit zu vermitteln:

- Nicht Produkte zu verkaufen,
- sondern Kunden zu gewinnen.

Eine Binsenweisheit? In Lehrbüchern sicher. Aber in der Praxis? Verkäufer lernen immer noch, Produkte und Preise zu verkaufen, Argumentation und Einwandwiderlegung, Abschlußtechnik und Rabattgespräch anstelle von:

- Menschen erkennen
- Vertrauen gewinnen
- Akzeptanz aufbauen
- Partnerschaften gestalten
- Hilfen anbieten
- Probleme lösen
- Leistungen verkaufen
- Service leisten
- Nutzen demonstrieren
- Bindungen festigen

„Dafür haben wir keine Zeit – wir müssen alle raus und verkaufen!" So hörte ich es neulich bei einer Kundenfirma. Ja, aber wie denn – wenn der präsumtive Kunde von Produkt und Preis gar nichts hören will, sondern nur als Mensch mit Gefühlen und Empfindungen angesprochen werden möchte?

Kundenorientierung (so *Disch*) heißt nicht, den Kunden orientieren = informieren, sondern sich am Kunden und seinen Vorstellungen orientieren, wenn man ganz individuelle Antworten auf seine Vorstellungen und Wünsche sucht.

Wenn das erreicht ist, wenn wir – neben der Einbettung des Marketing in die gesellschaftspolitischen Entwicklungen – die Kundenorientierung anstelle der Produktorientierung etabliert haben, werden wir – endlich – echtes Marketing machen!

Literaturverzeichnis

[1] *Hans-Georg Lettau:* Grundwissen Marketing, Heyne-Taschenbuch Nr. 22/218, 1989, zweite Auflage 1990

[2] Kapferers Marketing-Wörterbuch, Verlag Marketing Journal, Hamburg, 1979

[3] *Hans-Georg Lettau:* Informieren - analysieren - entscheiden. Econ-Verlag, 1971

[4] *Hans-Georg Lettau:* Ziele setzen - mehr erreichen, Marketing-Arbeitsmodell Nr. 1, Verlag Marketing Journal, Hamburg, 1975, zweite Auflage 1979, dritte Auflage 1983

[5] *Hans-Georg Lettau:* Kurs Zukunft - Marketing und die echte Wende, Verlag Marketing-Journal, Hamburg, 1987

[6] *Hans A. Pestalozzi:* Nach uns die Zukunft, Verlag Zytglogge, vierte Auflage 1979

[7] *Gertrud Höhler:* Offener Horizont, Econ-Verlag, vierte Auflage 1989

[8] *Hans-Georg Lettau:* Strategisch planen - mehr erreichen, Verlag Marketing-Journal, Hamburg, 1. Aufl. 1983, 2. Aufl. 1989

[9] *Hans-Georg Lettau:* Europa professionell planen - mehr erreichen. Verlag Marketing-Journal, Hamburg, 1990

[10] *Werner Wyss:* New Marketing, Verlag DemoSCOPE 1986, zweite Auflage 1987

[11] *Gerd Gerken:* Die Trends für das Jahr 2000, Econ-Verlag 1989

[12] *Fritjof Capra:* Wendezeit, Scherz-Verlag, 7. Auflage 1987

[13] *Malte W. Wilkes:* Die Idee des sanften Marketing, Verlag Marketing-Journal Hamburg, 1986

[14] *Hans von Bergen:* New Marketing - die Zukunft inszenieren, Haufe-Verlag 1988

[15] *Miller/Heimann:* Strategisches Verkaufen, verlag moderne industrie, 2. Auflage 1989

Verzeichnis der Abbildungen

Verzeichnis der Arbeitsbögen

Stichwortverzeichnis

M

N

O

P

R

S